身心灵魔力
品/格/丛

正义力

人间正道是沧桑

方建和◎著

中国出版集团 现代出版社

图书在版编目（CIP）数据

正义力：人间正道是沧桑／方建和著. —北京：现代出版社，2014.2
（2021.3 重印）

（身心灵魔力书系）

ISBN 978－7－5143－1986－6

Ⅰ. ①正…　Ⅱ. ①方…　Ⅲ. ①正义－青年读物②正义－少年读物
Ⅳ. ①D081－49

中国版本图书馆 CIP 数据核字（2014）第 031287 号

作　　　者	方建和
责任编辑	王敬一
出版发行	现代出版社
通讯地址	北京市安定门外安华里 504 号
邮政编码	100011
电　　　话	010－64267325 64245264（传真）
网　　　址	www.1980xd.com
电子邮箱	xiandai@ cnpitc.com.cn
印　　　刷	河北飞鸿印刷有限责任公司
开　　　本	700mm×1000mm　1/16
印　　　张	11
版　　　次	2014 年 2 月第 1 版　2021 年 3 月第 3 次印刷
书　　　号	ISBN 978－7－5143－1986－6
定　　　价	39.80 元

P前言
REFACE

为什么当今时代的青少年拥有幸福的生活却依然感到不幸福、不快乐？怎样才能彻底摆脱日复一日的身心疲惫？怎样才能活得更真实、更快乐？

许多人一踏上社会就希望一鸣惊人，名利双收地拥有一切。这样急功近利，不注重人生的积累，是难于起飞的；相反，能不辞辛苦地为自己拓展好助跑的跑道，从而争取优势不断发挥，才能逐渐使事业有所发展。那么给生命一个助跑的过程吧，这样，我们的人生就可以飞得更高。

一个人的成长、成熟、成功，其实是一个不断进行积累的循序渐进的过程，人的身上要拥有无穷大的潜力，主要靠平时的积累。助跑的过程其实就是让自己的潜力得到极致发挥的一种措施，就是为了让自己跑得更快、跳得更高、跳得更远。可以说，助跑的过程是一个漫长的过程，但没有这个过程是不可能最终获得成功的！我们每天都在积累，我们每天都在助跑，因为我们的心中有一个目标！

越是在喧嚣和困惑的环境中无所适从，我们越觉得快乐和宁静是何等的难能可贵！其实"心安处即自由乡"，善于调节内心是一种拯救自我的能力。当人们能够对自我有清醒认识，对他人能宽容友善，对生活无限热爱的时候，一个拥有强大的心灵力量的你将会更加自信而乐观地面对现实、面向未来。

正义力——人间正道是沧桑

本丛书将唤起青少年心底的觉察和智慧,给那些浮躁的心清凉解毒,进而帮助青少年创造身心健康的生活,来解除心理问题这一越来越成为影响青少年健康和正常学习、生活、社交的主要障碍。本丛书从心理问题的普遍性着手,分别描述了性格、情绪、压力、意志、人际交往、异常行为等方面容易出现的一些心理问题,并提出了具体实用的应对策略,以帮助青少年读者驱散心灵的阴霾,科学调适身心,实现心理自助。

C目　录
ONTENTS

第三章　失真则正义无依归

第四章　正义也可能招致罪恶

第五章　拥有一颗正义的心

第一章
正义从来不会缺席

　　正义存在于当公辈对于生命、健康、尊严的追求和维护分别遇到麻烦时的倾向于公辈人性的定位选择之中，伸张正义是以陶冶操守仁爱为职能的公辈文化的终极职能。马克思主义伦理学认为，正义与否的客观标准主要在于其行为是否符合社会发展的要求与广大群众的利益。争取公平的行动就是正义。

正义需要理性认识自己

人人都有自尊心，伤害了别人的自尊，他会将之视为"奇耻大辱"，会耿耿于怀，不能解决任何问题。低调的人处理问题，会把别人的自尊、面子放在第一位，然后再设法将事情导向好的方面。他们在一般人际交际中不会去伤害别人的自尊，也使自己减少很多不必要的损害。

在广州的一家著名酒店，一位外宾吃完最后一道菜，顺手就把精美的景泰蓝筷子悄悄插进了自己西装内侧的口袋里。

这一幕被服务小姐看到了，她不动声色地迎上前去，双手捧着一只装有一双景泰蓝筷子的小盒子，对这位外宾说："我发现先生在用餐时，对我国景泰蓝筷子爱不释手，非常感谢你对这种精细工艺品的赏识。为了表达我们的感激之情，经餐厅主管批准，我代表酒店，将这双图案最为精美，并经过严格消毒的景泰蓝筷子送给你，并按照酒店的'优惠价格'记在你的账上，你看好吗?"

这位外宾自然听出了服务小姐的弦外之音，在表示了一番谢意后，说自己多喝了两杯，头脑有点发晕，误将筷子插入了口袋。然后，外宾借此下"台阶"，说："既然这种筷子没有消毒就不好使用，我就'以旧换新'吧!"说着，取出内衣口袋里的筷子，恭恭敬敬地放回桌上。

人就是这样，你越是尊重他，给他面子，他就会表现出令人尊重的优秀的一面;如果你不给他面子，让他在众人面前显示出不光彩的一面，那他就有可能真的做出不光彩的事来。

作家冯骥才在美国访问时，一位美国朋友带着儿子去看他。他们谈话间，那位壮如牛犊的孩子，爬上了冯骥才的床，站在上面拼命蹦跳。如果直截了当地请他下来，势必会使其父产生歉意，很没面子。于是，冯骥才便说了一句幽默的话："请你的儿子回到地球上来吧！"那位朋友说："好，我和他商量商量。"结果冯骥才既达到了目的又风趣地给了朋友面子。

人性很奇妙，可以吃闷亏，也可以吃明亏，但就是不能"丢面子"。而年轻人常犯的毛病是，自以为见解精辟，逮到机会就大发宏论，把别人批评得脸一阵红一阵白，图自己一时痛快，却不知这种举动已为自己的祸端铺了路。而那些老于世故的人，宁可高帽子一顶顶地送，也不轻易在公开场合说一句批评别人的话。你照顾别人面子，别人也会如法炮制，给足你面子，彼此心照不宣，尽兴而散。

民间有一句俗语，叫作"人在屋檐下，不得不低头"。意思是说人在权势、机会不如别人的时候，不能不低头退让。但对于这种情况，不同的人可能会采取不同的态度。有的人，借此取得休养生息的时间，以图将来东山再起，而绝不一味地消极乃至消沉；那些经不起困难和挫折的人，往往将此看作是事业的尽头，或是畏缩不前，不愿想法克服眼前的困难，只是一味地怨天尤人、听天由命。

所谓的"屋檐"，说明白些，就是别人的势力范围，换句话说，只要你在这势力范围之中，并且靠这势力生存，那么你就在别人的屋檐下了。这屋檐有的很高，任何人都可抬头站着，但这种屋檐不多，以人类容易排斥"非我族群"的天性来看，大部分的屋檐都是非常低的！也就是说，进入别人的势力范围时，你会受到很多有意无意地排斥和限制，这种情形在你的一生当中，至少会发生一次。除非你有自己的一片天空，你是个强人，不用靠别人来过日子。可是你能保证你一辈子都可以如此自由自在，不用在人屋檐下避避风雨吗？所以，在人屋檐下的心态就有必要调整了。

　　有人认为只要是在别人的屋檐下，就"一定"要厚起脸皮低下头，不用别人来提醒，也不用撞到屋檐了才低头。这是一种对客观环境的理性认知，没有丝毫勉强，所以根本不要有什么不好意思和放不下面子。这就是待人处世的基本宗旨。

　　"一定要低头"，起码有这样几个好处：不会因为不情愿低头而碰破了头；因为你很自然地就低下了头，而不致成为明显的目标；不会因为沉不住气而想把"屋檐"拆了。要知道，不管拆得掉拆不掉，你总要受伤的，因为老祖宗早就有"伤敌一千，自损八百"的古训。不会因为脖子太酸，忍受不了而离开能够躲风避雨的"屋檐"。离开不是不可以，但要去哪里？这是必须考虑的。而且离开想再回来，那是很不容易的。在"屋檐"下待久了，就有可能成为屋内的一员，甚至还有可能把屋内人赶出来，自己当主人。

魔力悄悄话

　　在待人处世中，"一定要低头"的目的是让自己与现实环境有和谐的关系，把二者的摩擦降至最低，是为了保存自己的能量，好走更长远的路，更为了把不利的环境转化成对你有利的力量，这是处世的一种柔性，一种权变，更是最高明的生存智慧。

5

恶搞文化要不得

鲁迅在《朝花夕拾》的《狗·猫·鼠》一文中盛赞了一幅名为《老鼠娶亲》的滩头年画。《老鼠娶亲》于 2011 年在第二届中国木版年画艺术节上荣获全国木版年画传承奖。然而，仅一年后，随着传承人的去世，历史悠久的、有着浓厚的民俗寓意的滩头年画也基本上面临消失的威胁。

从代际文化正义的角度来看，每一代人都应当为文化的传承与积累贡献那一代人的智慧，使人类文明的历史长河能够奔腾不息。我们需要传给未来人一些文化、技术，以免文明长河干涸。保护滩头年画等非物质文化遗产就是从事历史传承工作。在统一标准、磨灭个性的全球化时代，传统文化的保护与传承工作更为迫切。现代文明借经济全球化的春风席卷全球，对文化的多样性造成了巨大的威胁。如果文化变得一元、单调，不仅不能够满足不同人群的生活需要，还可能使人类的生活潜藏着危险，那就是当人类社会环境因突发事件而急剧变化后，单一的人类文化将难以应对，人类社会可能会因此遭受毁灭性的打击。然而，即便这一问题如此重要，保护非物质文化遗产依然只受到少数人的关注。

有些恶搞是缘于青少年的创新意识和娱乐精神，有些则是一些职业的网络推手将其作为卖点以吸引眼球牟取利益。对此，我们应该根据具体情况进行批判、引导。赵汀阳在《论可能生活》中谈道，假如把消遣当成文化，或者给予低级文化较高的精神地位和社会待遇，这种低级文化就会无限度地扩张侵蚀掉人类精神，使人类精神失去创造力而萎缩成自然反应。不仅如此，恶搞文化有着自身难以避免的缺陷，那就是它归根结底是一种寄生文化。它通过对一些流行文本或经典文本进行颠覆、模仿、附会，从而博取人们的关注。当恶搞文化所寄生的文本褪色时，恶搞文化也会相应地丧失生命力。昙花一现的恶搞文化除了具有娱乐快餐的价值外，对于后世很难产生文化积淀的作用。若当代人将文化创造的主要精力用于恶搞文化，这就逃避了文化传承与积累的责任，构成了文化的代际不正义。

魔力悄悄话

　　文化的传承还需要防止某些人对文化、技术的扭曲或损害，以免文明的长河不再清澈。现今一些所谓的恶搞文化就有为人类文明长河注入浊水的嫌疑。

诱惑面前的正义

著名物理学家史蒂芬·霍金在 2010 年曝出了惊人言论：地球将在 200 年内灭亡，人类应该尽早为移居外星球作打算。澳大利亚的微生物学教授弗兰克·芬纳则称人类将在 100 年内灭亡。他们的言论绝非哗众取宠，而是基于人类的贪婪、能源的耗竭、生态的危机等乱象而作出的悲观判断。

在这个崇尚物质享受的消费社会，人们的贪欲被极大地激发，以致竭尽所能地发掘各种资源为自身的享受服务。譬如，冻顶乌龙是"茶中圣品"，百合观赏、食用、药用价值兼备，人们的喜好抬高了它们的价格。于是，农民在利益的驱使下大量种植冻顶乌龙与百合，引发了水土的流失、土壤的沙化、森林植被的减少。又譬如，我们习惯于享受能源所带来的各种便利，却很少注意到过度消耗能源正在酝酿的悲剧。以我国为例，由于采煤过度致使地下悬空，山西不仅屡次发生路面坍塌事件，甚至很多村落发生"煤震"，以致成为"鬼村"。不仅如此，据专家的分析，中国的煤炭资源再开采百年就会衰竭，将来人们只得寻找其他的替代能源。能源危机、温室效应以及空气污染的问题也因为交通工具而凸显出来。现代人已经腹背受敌，子孙后代更是被置入了极其危险的境地，但试图亡羊补牢之人却依然是少数。

由于当前的享受如此真实且富有诱惑力，而当前肆无忌惮的享受可能危害的对象又尚未出生而比较虚幻，因而主张规约当代人的享受、护卫后代人的权益的代际正义实施起来确实困难重重。当代人可能找出各种理由为自己不关心后代人的利益辩解：子非鱼，焉知鱼之乐，我们当代人又如何知道后代人在意什么呢？科技进步一日千里，谁能料想到未来的人类能发明出什么成本低廉又原料易得的替代能源呢？其实不然，即便我们确实不知鱼之乐，但总知鱼儿离不开水，未来人或许在事业追求、审美等高级需要方面与当代人有差异，但是他们的生存也要依赖于清洁的水源、清新的空气、适宜的气候等。科技是把双刃剑，它的弊端早已咄咄逼人地闪烁着寒光。未来的科技发展再厉害，它也难以超越自身的弊端。譬如，核能具有清洁、高效的优势，但它的发展也给人类带来了安全隐患。尽管日本福岛核泄漏危机造成的恐慌尚未完全消除，但面对能源危机，世界各地的核电站建设仍在继续。当我们将后代置于离开高科技就无法生存的地步，我们就同时将他们抵押给了科技，既与科技好的　面捆绑，又挣脱不了科技坏的一面的枷锁。当代人安然地享受使用天然资源的好处，却让未来人承受那样的风险，谁又能说那是正义呢？

如果我们依然对代际正义的问题麻痹大意，那么我们的后代或许会过上这样的生活：3010 年，人类必须时刻戴着奇怪的头盔，头盔上的管道连接着一台便携式制氧器，他们要靠着这种人工合成的空气呼吸。头盔的面罩采用特殊材料制作而成，可以抵挡灼热的气流、高强度的紫外线辐射以及空气中弥漫着的自然无法分解的垃圾所散发出来的恶臭。他们不懂什么是清新、自然的空气，也无法想象古人可以恣意地躺在野外的草地上休憩。他们只能通过古人留下的照片与视频来欣赏在地球上曾经存在过的瑰丽风光：郁郁葱葱的大森林、白皑皑的雪山、奔腾的瀑布……不仅如此，他们的文化活动也面临各种麻烦，他们的研究人员要花费大量时间用于分辨打酱油、YY、CP 等代码的真实含义，他们的营养学家则要从大量流传下来的食品制作工艺中甄别出有益于人类健康的配方……这并非悲观的臆想，那样的景象已初露端倪："北京咳"为我们掀开了阴霾生活的帷幕一角。严肃文化的落寞，恶俗文化的爆红，也不禁让人怀疑我们还有多少真正意义上的精神生活。

代际正义虽然是个很严肃的问题，但要践行它却并不需要付出多么艰辛的努力。从保护自然资源的角度来看，响应低碳生活的号召，在短距离出行时尽量步行或使用自行车，不将空调开得过冷，随手拧紧没关的水龙头，多使用再生能源，少使用塑料袋。尽量不为后代制造难以分解的垃圾……从文化传承的角度来看。珍视传统文化的精髓，与无个性的复制文化保持距离，对低俗、粗糙的文化以不关注的方式进行排斥，发挥当代人的智慧进行文化创新……我们所需做的就是挂念着后代子孙的福祉，避免自己纵情肆意的生活为地球与人类文明制造灾难。

魔力悄悄话

　　代际正义不只是出于当代人对后代人的同情和关爱，也是为了维护后代人的权利。作为人类的一员，后代人有权利享受传承的文明的滋养。而且，在当前的时代背景下谈论代际正义，并不是单纯的约束、限制当代人的权利，要当代人做出奉献。这实际上是双方受益的事情。譬如为了子孙后代而保护环境，受益的不只是子孙后代，当代人也能因此享有良好的环境，也能塑造正确的价值观。这就好比父母为教育子女而特别注意自身的言传身教。因而时时检点反思自己的言谈举止。这不仅能培养子女的良好德性，也提升了父母自身的素质。

"善有善报，恶有恶报"是朴素的正义观

三聚氰胺奶的生产者可能会吃到含有苏丹红的咸鸭蛋；

制作劣质鸭蛋者可能会吃到加了瘦肉精的猪肉；

用瘦肉精的人可能会吃到染色馒头；

制作染色馒头的人可能会喝到含有塑化剂的饮料；

用塑化剂加工饮料的人可能会吃到农药残留过量的蔬果……

这种易粪相食的现状表明，不法分子虽然可以避免吃到自己制作的有毒食品，但他们为了些微小利泯灭良心的行为却会危害社会的公序良俗。若为一己私利罔顾他人利益者越来越多，这些始作俑者终究难以避免吃到有毒食品的厄运。

"善有善报，恶有恶报"是朴素的正义观，而"不是不报，时候未到"则是对正义的信仰。《易经》《尚书》等古文经典都对善恶报应有所分析。

《坤·文言》云："积善之家必有余庆，积不善之家必有余殃。"《尚书·汤诰》有所谓"天道福善祸淫"之说，《尚书·尹训》有"惟上帝不常，作善降之百祥，作不善降之百殃"之论。虽说佛教的"因果报应""善恶循环"被一些人视为麻醉人心的鸦片，但如果撇开其中玄秘的因素不谈，"种瓜得瓜，种豆得豆"在道德上并非没有现实依据。譬如，风光旖旎的海南三亚是旅游胜地，但本应为度假乐园的三亚却频频爆出欺客宰客的问题。

面对"宰客门"的恶劣影响，当地政府也表态要对交通管理、海鲜

排档、海上娱乐项目等行业出现的"害群之马"实行"零容忍"。这些都表明那些无良奸商最后只能喝下自酿的苦酒。

"己所不欲，勿施于人"被视为金规则，它不仅是儒家伦理的精髓，也为佛教、犹太教、基督教等宗教所提倡。佛教度化世人："我如是，彼亦如是，彼如是，我亦如是。"犹太教训诫它的信徒："你不愿施诸自己的，就不要施诸别人。"基督教则强调："你们要别人怎样待你们，你们也要怎样待他们。"

那是因为不正义行为多了，必然会损害正义行为的生存空间，就像"劣币驱逐良币"一样，最终的结果就是不正义行为的泛滥。那么，不正义行为者自身也难以逃脱其他的不正义行为的伤害。

举个例子来说，在公共交通资源比较紧张的时候，乘车排队是每位乘客应尽的义务。但是如果有一些人不顾公共秩序争先恐后地挤上车，那么排队的乘客往往不是被挤得早已无空座时才能上车，就是不得不浪费时间等下一班车。

在这样的情况下，很多排队的乘客也转而选择一拥而上。在大家都争抢的情况下，原本就不守秩序的人很难再继续占到便宜，而且大家都会因此花费更多的时间乘车。

作恶的人由于自己接触的恶事较多，他们看到的世界比较灰暗，所以会时刻提高警惕担心他人算计自己。而人长期处于紧张状态会容易疲劳、焦虑甚至精神异常，并且长期的焦虑还会使人出现头疼、高血压、胃溃疡等躯体症状。这种紧张的心理状态及相应的躯体疾病也可以算是对他们作恶的隐性惩罚。

据 2008 年 1 月 12 日的《重庆商报》报道，重庆一名的哥因为一念之差将乘客丢在出租车上的 1000 多元现金据为己有，几年之内都无法原谅自己，晚上经常被噩梦吓醒，长期处于精神恍惚状态，最后他决定跳江自杀以寻求解脱。虽然这一案例过于极端，但它真切地说明了罪恶感对人的折磨。

谦虚是一个人良好教养的体现。谦虚的人即便取得了成功也会不断地告诫自己：天外有天，人外有人。所以他们会不断地充实自己，在不断学习中提高自己。而骄傲的人常常会满足于一得之功，稍微取得一点成绩就沾沾自喜，骄傲自满起来。这样一个不思进取、自足自满的人，又怎能取得骄人的成就？

富兰克林曾说：缺少谦虚就是缺少见识。德国古典文学家莱辛也说过：我们的骄傲多半是基于我们的无知。正如高尔基所说：人的知识越广，人的本身也越完美。因为有了丰富的知识，人便会谦虚起来。知识越是丰富，人就越是谦虚，人越是谦虚，就对自己所拥有知识越不知足。由此可见，丰富的学识是谦虚的基础，而谦虚的态度则是不断丰富知识的重要条件。因此，一个人是否有谦虚的态度，那么对他的成功与进步就有多大的影响。

魔力悄悄话

即便一些作恶者侥幸逃脱了法律和道义的惩罚，也成功地避开了自己的不义之行被大量模仿的后果，但他们也逃脱不了自己的良心对自己的审判。除了极个别泯灭天良的人，绝大多数作恶者会长期被罪恶感包围，从而处于焦虑、压抑的状态。即便他们经常作恶以至于良心被冷藏了，但他们会以小人之心度君子之腹，时刻担心他人加害于自己。"君子坦荡荡，小人长戚戚"，也可以做这样的理解。

正义常驻我心

2012 年 7 月，网上疯传这样一则让人心寒的新闻：湖南娄底小伙因参与救助落水的一家四口而不幸溺亡，被救者却在冷漠地说了句"关我屁事"后失去了踪影。这极大地刺激了网友的正义感与同情心，网友纷纷表示谴责，甚至有人扬言要人肉搜索不配为人的被救者。庆幸的是，这起"救助者牺牲，被救者隐身"的事件因为公安机关的调查而被还原了真相。人们才猛然发现原来被救者并未说过什么"关我屁事"的话，是当时的记者听了某位现场群众的一面之词而后又私自进行了加工。那位在现场的人声称听到被救者说了句"关我什么事"，记者不仅不去查实，反而为加强新闻效果肆意将其篡改为更刺激眼球的"关我屁事"。而且，被救者一家四口既不是怕担责任而溜走，更不是良心堕落而漠视救命恩人，他们只是经历落水事件后惊魂未定，在骚乱的现场并未注意到还有救命恩人在水中，才会带着年幼的孩子匆匆回家。当他们后来通过新闻了解到有人因为救他们而死亡后，他们却不敢上门致谢，因为他们不知如何面对救命恩人的父母，也害怕因为误解遭到他人的报复。在公安机关找到他们之前，他们紧张地选择了沉默。

这起事件乍一看像是在揭示道德的堕落、正义的迷失，但仔细分析事件的来龙去脉，我们会发现它恰恰说明了正义其实一直都在陪伴着我们。就被救者的表现来看，他们一家得知有人因为救自己而死亡后自责不已，懊恼得饭也吃不下，也常常因为心事重重而干活出错。在公安机关的帮助下，他们才鼓起勇气走进救助者的家谢恩、致歉，并以一万元钱感谢救人者的父母。就网民的表现来看，网民在误信了媒体不负责任的报道后对被救者进行谴责，也正说明了人们普遍鄙视与唾弃没有感恩之心的人，这也是正义在人心的表现。此外。在被救者尚未露面之前，有好心人冒充被救者的亲属送给救人者父母十万元，希望能够填补社会缺失的良心。这些都说明了娄底事件向我们展示了正义并不曾远离。

人类在长久的社会生活中摸索出了有利于自身生存与发展的各种经验，而坚守正义正是其中的璀璨明珠。没有正义品性的个人会被排斥在社会群体之外。一些人对于刑满释放人员难以接纳，也说明了人们对于曾经违背正义之人的抵制。违背正义不仅会使人难以在社会上立足，它还可能使人丧失人之为人的资格。在很多人的心目中，侵害同类的人已经没有尊严可言。这种人之常情的事实表明了正义对于人捍卫自身尊严来说不可或缺。

魔力悄悄话

正是由于正义事关重大，人们才必须让正义常驻人心。即便少数胆大包天者敢于无视正义而作奸犯恶，但在他们自己遭逢不正义时，他们也会唤出正义来为自己讨要说法。

第二章
明哲保身是正义的噩梦

明哲保身并没有错，但是明哲保身会使社会充满了不幸。各人自扫门前雪莫管他家瓦上霜，任何别人的事情都是"事不关己高高挂起"，"无益言语休开口，不干己事少当头"，我们从小就受这样的"教育"。最可气的是"躲进小楼成一统，管他冬夏与春秋""人不为己天诛地灭"，这样社会就是孤零零的。明哲保身是不负责任的。在最关键的时候，不是狡辩，就是逃跑，反正一走了之。

"事不关己，高高挂起"的悲哀

在公交车上，小女孩看到一个人鬼鬼祟祟地把手伸进一位女士的皮包，于是不解地问："妈妈，那个叔叔要在阿姨的包里找什么呀？"被偷的女士顿时警觉起来，小偷不得不停住了手脚。在公交车到达下一站的时候，准备下车的小偷假装关爱地伸手摸了摸小女孩的脸庞，并说了声"多可爱的孩子啊"。在小偷走下车的瞬间，小女孩大声地哭了起来，原来她的脸被小偷指间暗藏的刀片划破了。年轻的妈妈又恼怒又心疼，然而她骂的不是品行恶劣的小偷，而是天真无邪的女儿："谁叫你多管闲事的，我看你还长不长记性！"

在这个案例中，值得我们同情的不只是受到伤害的小女孩，还包括那爱女心切的妈妈。小女孩只是皮肤上受了伤，她的妈妈则是心灵上受了伤。年轻的妈妈对不正义的恐惧让她倾向于纵容罪恶，她的明哲保身表明她失去了与丑恶抗争的自觉意识。然而，这位妈妈并不属于少数派，她是千千万万明哲保身之人的缩影。对于他们而言，正义有时候连名过其实的奢侈品都不如。爱慕虚荣的人们会为享有奢侈品披星戴月地努力，在拥有奢侈品时也会时不时地炫耀。然而，在不少人的心目中，正义却像食之无味、弃之可惜的鸡肋，伸张正义是费了心力却未必讨好的行动。只不过他们没有想过，他们在将正义这一必需品当作奢侈品拒绝的时候，也一并将人民安居乐业、社会稳定和谐的护身符挡在了门外。

鲁迅在分析我国的国民性时，很是无奈地批评了冷漠地看客。他们不只是丧失了对丑恶的批判意识，甚至自得其乐地发掘了丑恶的观赏价值。然而，时至今日，冷漠地看客依然存在。更可怕的是，当代社会暴露的新问题是人们冷漠得连看客都不愿意做，而是视若无睹地径直走过需要帮助的人的身旁。以老人摔倒为例，"彭宇案"等事件的喧嚣使得人们担忧帮助了老人反而会被讹诈，于是很多人在遇到老人摔倒时明哲保身地赶紧离开现场。虽然还有一些人敢于伸出援手，但是他们行动的前提是有目击证人在场或者获得了老人不讹诈的保证。这样的明哲保身有些无奈，却着实让人心寒。"小悦悦事件"使得道德冷漠问题赤裸裸地暴露在公众的视野之内。人们不禁感慨道德冷漠问题已经病入膏肓，如果任其进一步蔓延渗透，那么社会将变成人情的荒漠与伦理的地狱。明哲保身、道德冷漠使得他人的利益遭受了不必要的损失。然而，唇亡岂能不齿寒，他人的不幸遭遇迟早也会在我们的身上重演。

明哲保身的人不只是对他人冷漠，对于与自己切身利益息息相关的公共事务也很不热心。在国外，不少人认为每个中国人都是一条聪慧、勤奋的龙，但是聚在一起后，就令人惊诧地变成了庸庸碌碌的虫。这样的判断不只是在批评中国人团队协作能力不强，也是在指责中国人对公共事务冷漠。在很多人的心目中，政治自有专人料理，老百姓干好自家的营生即可。公共事务鲜有人问津，公共利益也如同一盘散沙。在专制的封建社会，"愚昧"的小民被认为既没有能力也没有必要参与公共事务。在军阀混战的年代，饭馆酒肆各处张贴着"莫谈国事"的纸条。若有鲁莽之人大谈国事，则很可能会被宪兵抓捕入狱甚至就地枪决。当时的大多数人对此敢怒不敢言，日子长了，也变得麻木冷漠了。"莫谈国事"的规定是专制政府对人民的政治监督权、参与权的剥夺，而认同"莫谈国事"的明哲保身之人是在逃避关心国家命运的责任。

在政治日益开明的当代社会，一些人出于心理惯性对于政治权力仍然存在恐惧心理，因而不敢公开谈论国事。而另一些人则确实是对国事漠不关心，他们认为既然有吃着公家饭的公务员专门操持国事，哪还需要小老百姓瞎掺和呢？在时代呼唤公民的今天，孕育公民且为公民提供参与舞台的公民社会却迟迟未能形成，人们对公共事务冷漠的心理传统难辞其咎。自由主义思潮在中国的蔓延即使拘囿于集体生活（指集体道德生活，而非关注政治的集体生活）的国人开始发现了私人生活的领域，但同时也使人们为自己的专注私人事务、无视公共事务的行为找到了借口：每个人争自己的自由就是争大家的自由，每个人争自己的进步就是争大家的进步。这理由本身并没有什么问题，在人们被专制压抑得无处喘息的旧社会，那样的呼吁无疑切中时弊。只不过很多人可能并没有注意到，这句话的出发点虽然是个人利益，但最终的落脚点依然是公共利益。现在，这句话被一些人用作逃避公共责任的借口，这显然是对它的曲解。

魔力悄悄话

庆幸的是，这个社会毕竟还是有一些头脑清醒、富有勇气的人，他们怀着满腔热情参与公共事务。为了守护滇池，张正祥倾家荡产地与污染滇池的各种不正当行为作斗争。由于他的行为阻人财路，他因此被报复得身体残疾、妻离子散。然而，他的执着赢得了社会的广泛肯定。张正祥不仅被评为中国十大民间环保杰出人物（2005 年）、感动中国人物（2009 年）、《南方人物周刊》中国魅力 50 人（2010 年）、中国正义人物（2011 年），一介草根的他还被誉为"滇池卫士"并入选了国家形象宣传片。网络公益组织"昆明之美"多次慰问与资助张正祥，他们还发布了保护滇池倡议书。张正祥，并不是一个人在战斗。

自我抹黑的"智慧"

　　萧何是西汉的开国功臣，他为刘邦出谋划策助其登上了帝位。我们由"文有萧何，武有韩信"的名声也可一窥他的功劳。最初，身处庙堂高位的萧何处处为黎民百姓的利益着想，因此深受百姓爱戴。兔死狗烹、鸟尽弓藏，开国皇帝对于功臣们总是心有顾忌，出身低微的刘邦自然也不例外。刘邦很担心相国萧何的威望超过自己，从而对刘家天下的稳固造成威胁，便在心中暗暗酝酿杀机。在门客的提醒之下，萧何才猛然发觉自己已身处险境。为了让刘邦消除顾虑，萧何不惜以贱价强买民田民宅的方式抹黑自己。利益受到侵害的老百姓成群结队地找刘邦告萧何的状。看到萧何失去了百姓的拥护，刘邦才终于放下心来。而那个原本品行高尚、为民谋利的萧何变成了为保全自己而不惜迫害百姓的昏官。

　　萧何的自我抹黑是一种城府极深的明哲保身。他为了保全自己不惜折辱自身的品性，违背自己的本性去行不义之事来避免灾祸。这种主动伤害他人的明哲保身显然比漠视正义、恐惧不义的自保危害更大。后者只是对于伸张正义的消极无为，前者却是主动地走向正义的反面。如果说对公共事务冷漠的明哲保身有种不蹚浑水的清高，自我抹黑的明哲保身连最后一丝气节都抛弃了，它已然与有意作恶差别不大了。

　　虽说萧何式的明哲保身是专制皇权下的无奈之举，但是现代社会的某些权威（如领导、家长、制度）身上依然残留着专制的痕迹，所以自我抹黑式的明哲保身并未在现代社会绝迹。一些人在所谓的权威面前无原则、无立场，哪怕权威对并不擅长的事指手画脚，发现了错误的下级也装傻充愣，甚至溜须拍马大呼"英明"。这种贪荣求利的明哲保身以污毁自己的人格为代价，谁又能说他们不是在向自己泼脏水呢？除了权威者可能犯错之外，一些制度也可能存在漏洞，甚至有些制度明显地违背了公正、人道精神。一些人即便发现了制度的问题，却"尽职尽责"地依照制度的规定行事，甚至竭力为制度的正当性辩护。

对于不公正的制度，公民完全可用不服从的方式进行抵制。梭罗的闻名不只是因为《瓦尔登湖》这部亲近自然的文学经典。他的公民不服从思想与实践也使他在思想史上占有一席之地。梭罗在瓦尔登湖畔生活期间，因为反对黑奴制和拒绝缴纳"人头税"而被捕入狱。即便被捕，梭罗依然正义凛然，他甚至扬言正义之士的真正栖息之地是监狱。我们在对抗不公正的权威者或制度时未必要像梭罗那样，公民不服从也可用温和的方式进行。实际上，"上访妈妈被劳教"事件就是一起成功的公民不服从行动。只不过这起事件的特殊之处在于一群有话语权的人和"上访妈妈"一起高声呐喊不服从，他们还进一步探讨了劳教制度改革的可能性。

魔力悄悄话

在专制的权威面前，明哲保身之人确实也有他们的无奈。但是，权威的专制并不能成为他们自污人格的借口。正如柏林墙倒塌后一位法官对一名枪杀翻墙者的守卫说的那样：虽然你有开枪的职责，但是你有将枪口抬高一厘米的权利，这是你应自动承担的良心义务。

懦弱抑或无奈

河南青年王帅在网络上揭发家乡违法征地问题后，被跨省抓捕并拘留了8天。在网络媒体介入后，当地领导进行了道歉，并给予王帅国家赔偿。事后，王帅在接受采访时表示，以后再也不反映问题了，不会在网上发帖，甚至连举报的事也不会再做了。

王帅原本很有正义感，也有伸张正义的勇气。然而，在吃亏之后，他认为伸张正义的代价太大，因而选择对不正义的事隐忍退让。王帅的噤声是社会的悲哀，一位敢于以自己的行动干涉不正义的公民就这样被逼回了私民的阵营。很多和王帅相像的人曾经也非常有血性，敢于直面罪恶、伸张正义。然而，在社会上摸爬滚打几次之后，他们曾引以为豪的棱角被磨平了，他们便开始相信明哲保身才是成熟的人应有的人生智慧。于是，"大丈夫相时而动，趋吉避凶者为君子"被很多人奉为人生的座右铭，而吉与凶也遭受了人们狭隘的理解，仅限于一时一地的吉与凶。

有些人的明哲保身不是缘于怯懦，而是出于无奈。因为在有些时候，伸张正义的代价高得离谱，以至于很多人在高昂的代价面前望而却步，不得不选择低眉顺眼、忍气吞声。吴思在《潜规则》里分析过这样一则案例：清朝光绪初年，四川眉山市户房（财政局）在收税时会在皇粮正税之外另外加收戥头（戥头，一说是砝码外另加一块铜块，另一说是每户要额外摊派一钱八分银子）。贪婪的官吏把这笔钱据为己有，上下相蒙二十年不改。当时每户多交的税大略相当于今天的五十元钱，但因人口多，时间长，这笔额外的费用也会累积成巨额数目。眉山市的读书人李燧对此义愤填膺，他变卖家产作路费，走到五千里外的上级机关去告状。

李燧的义举受到了一些当地百姓的支持，大家便凑了一些钱给他作盘缠。然而，李燧的上访没有成功，反倒被诬陷为敛钱而被投入大牢，他的生员资格也被革除了。在漫长的坐牢生涯中，他几次差点被杀害。十二年后，省里新来了一位主管司法和监察的副省长。他听说了这个情况，很同情李燧为了公众的利益而受冤屈，便放他回了家，还赠给他一首诗。李燧因此事破了产，丢了生员的资格，走了五千里，被关了十二年，最后偶然性地得到大官的同情才被释出狱。他伸张正义的代价可想而知。在李燧被释放的差不多时间，眉山终于取消了戥头，但这被视为新任父母官的仁政，很少有人觉得李燧对此做出了什么贡献。

有些人选择明哲保身正是担忧自已伸张正义会重蹈李燧的覆辙，但是那种代价并非不可避免。解决问题的良策就是通过克服群体中的惰化效应，让伸张正义不只是某个悲情英雄的个人行动。在李燧挺身而出之前，当地的百姓已被迫缴纳戥头二十年了，却无人反抗。虽然人们意识到应当着手改变这种不公状况，但是由于群体惰化影响。很少有人愿意挺身而出进行抗争。这是因为群体的人多势众反倒分摊了责任，每个人感受到的伸张正义的责任感就比较微弱。而且，中国人深谙"枪打出头鸟"的道理。很多人心里都会抱有这种想法：既然遭受不公正的不只是我一个，我又何必为了大家的利益冒着被收拾的风险出头呢？别人能忍，我也能忍。最悲哀的是，当每个人都遭受某一不公状况时，这种不公状况就容易被合理化——既然人人都这样，那也就见怪不怪了。一些别有用心之人就抓住民众的这种心理，在行不义时努力做到"天衣无缝"，以消减个人反抗的动力。

解铃还须系铃人。既然明哲保身多半基于利害的权衡，若撇开利益大谈特谈如何避免明哲保身，那恐怕只是纸上谈兵之举。其实，只要当事人将眼光放长远一点，他所盘算的利害权衡就不会仅限于一时一地。当长远利益被纳入了当事人的考量，人们会发现伸张正义的好处显然大于明哲保身的好处。就李燧的例子来看，若百姓在官吏额外征税的第一年就进行了抗争，那么这种潜规则也不会延续二十年。若免于被剥削十九年，那么大家联合起来抗争所得的收益就会远远大于抗争需要付出的代价。对于不出力却妄想贪便宜的人，众人可以通过制定一些公约来进行限制。譬如在反抗某些恶势力的活动中，在恶势力倒台后，挺身而出的人可以理直气壮地多分一杯羹。而当初那些明哲保身的人则应分配较少的利益，或者要求这些未出力却获益的人为当初那些出力者提供一些奖赏与补偿。

魔力悄悄话

只有消除了在争取合理利益的努力中搭便车的现象，明哲保身才会被视作一种不值当的行为，才能够被人们自觉摒弃。

面对不义之徒，我们该怎么办

一名留学生到华人朋友开的餐厅里帮忙，却很不巧地遭遇了劫匪，柜台中的钱被洗劫一空。留学生果断地选择了报警，但朋友却说没有必要。果然如朋友所说，警察过来做了记录之后便杳无音讯。留学生很不解，因为当地警察的认真与效率是很有口碑的。朋友看留学生不开窍，只好告诉他个中原委：以前警察确实很认真对待此类案件，但到了需要证人出庭的时候，华人却往往担心报复而不敢出庭。这样的话，警察的辛苦就白费了。几次之后，警察对于类似事件便敷衍了事，劫匪也愈加肆无忌惮地抢劫华人。

担心被报复而拒绝出庭作证，这确实是一种明哲保身的行为。但是这种明哲保身却为自己带来更大的灾祸，那就是警察的敷衍了事与劫匪的肆无忌惮。明哲保身的人之所以选择"事不关己，高高挂起"，是因为人具有自利本能。自利本没有错，它是每个人得以生存、发展的重要前提。明哲保身的问题在于没有辩证地分析短期利益与长远利益的关系，眼中只有短期利益，没有长远利益。在遭遇不正义时，人们一时的自保却会纵容罪恶、为虎作伥。当不正义的魔爪不受控制地四处乱舞时，又有谁能够逃离呢？因而，我们应在不正义蔓延之前将它圈禁起来，否则它损伤的不只是与其有利益冲突的个别人，还包括任其肆无忌惮地膨胀的旁观者。

对不正义的恐惧也会让人们倾向于明哲保身。在人们看来，屡行不正义的恶徒与偶尔因一念之差而作恶的小人不同。后者平素安分守己，在偶行不义后会羞愧难当、百般忏悔；而前者在大众心目中的形象就是杀人不眨眼的恶魔，敢和他们作对的人恐怕会死无全尸。事实上，不义之徒的凶恶与狰狞大多来源于人们的想象。除了极少数心理变态的异类之外，绝大多数不义之人的恶行都是缘于明哲保身之人的娇纵。人们的恐惧、退缩让不义之人更加感受到强权、淫威所带来的满足感。丑恶像是一只气球，人们的恐惧就是气球的打气筒，人们越是充满恐惧，丑恶这只气球就会膨胀得越厉害。这就像是一场战役，当正义的一方因为恐惧而节节败退，不正义的一方必然会步步逼近。终有一天，不正义的旗帜会耀武扬威地到处飘扬。

对不正义进行批判的思想固然可贵，但在这个很多人宁愿腹诽不愿行动的时代，行动的价值高于思想。在大家的利益都遭受侵害的时候，试着站出来说出你的不满，你会发现后果其实并没有你想的那么严重。或许你会认为不义之徒会疯狂反扑，以更多、更恶劣的不义行动来压制人们的质疑与不满，但那只是发生率比较低的一种可能性而已。更大的可能是他们会反思、调整，因为有时候他们并非刻意地侵害他人利益，只是没有考虑周全而做出了错误的决定。你的反抗会促使他们设身处地站在他人的立场上思考问题，一些因为缺乏沟通与理解而造成的无意伤害将能够得以避免。还有一种可能性是他们会羞惭、会收手，因为他们误以为自己占些便宜没什么，他人可以忍受。在遭到他人的反抗与指责后，他们的贪婪会受到一些遏制，便不再明目张胆地行不义了。

当然，以上的分析还是基于人性本善的乐观期待，我们承认世界上会有一些恶贯满盈、劣性难改的坏人。若我们像对待误入歧途的人或者有私心的庸人那样对待恶人，那该是多么幼稚可笑。在我们防止恶人横行、护卫正义时，我们不能将希望寄予沟通、理解、劝告，那显然是无效的。我们只能通过不懈的抗争让他们的阴谋诡计落空，让他们为自己的恶行付出应有的代价。人人喊打的过街老鼠只有逃窜的份，它又如何兴风作浪呢？这样的画面在纪录片式电影《神探亨特张》中被生动、直观地呈现了出来。虽然这是一部没有大明星撑场的小众电影，但它却夺得了金马奖的最佳剧情奖。它根据"反扒神探"的真人真事改编。生动地再现了这位北京基层民警的生活故事。"反扒神探"通过自己的努力一点一滴地减少社会上的负能量，也为周围的群众起到了很好的示范作用。

除了积极地与丑恶抗争外，我们还应该努力地守护与扶持正义。有经验的老农明白，种庄稼除杂草不能仅靠拔草或撒除草剂，最重要的办法是让庄稼长得旺盛。庄稼长得好了，它们吸取土地里的营养能力强，它们的茎叶也能占据接受日光浴的有利位置。饥渴交迫、营养不良的杂草自然会逐渐枯萎。社会风气的纯化与种庄稼的道理其实一样，正义的力量生意盎然，不正义就会逐渐丧失藏身之地。

魔力悄悄话

与其抱怨社会风气污浊，何不试试用自己的正义行动为社会风气注入清新的能量呢？哪怕这么做真的只是蚍蜉撼树，至少我们能保证自己是一个以积极心态看世界且能坚守道德阵地的正能量传递者。若能将一点一滴的正能量积聚起来，污浊的风气也可以被稀释乃至更新。

做到正义需要理性看待问题

要想做事顺畅，做事高效，就要培养自己看准时机的眼光。拿破仑说过："如果我总是表现得胸有成竹，那是因为在提出任何承诺前，我都是经过长期的思考，并预见了可能发生的情况。"

美国著名人际关系交往专家卡耐基曾租用纽约一家饭店的大舞厅，用来兴办每季度一系列的讲课。

在一个季度刚开始的时候，他突然接到通知，说他必须付出比以前高出3倍的租金。卡耐基拿到这个通知的时候，他讲课的入场券已经印好，并且发出去了，而且所有的通告都已经公布了。

卡耐基不想付这笔增加的租金，可是着急是没有用的，几天之后，他去见了饭店的经理。

"收到你的信，我有些吃惊，"卡耐基说，"但是我根本不怪你。如果我是你，我也可能发出一封类似的信。你身为饭店的经理，有责任尽可能地使收入增加。如果你不这样做，你也许会丢掉现在的职位。但是，现在我们拿出一张纸来，把你因此可能得到的利弊列出来。"

然后，卡耐基拿了一张纸，在中间画了一条线，一边写着"利"，另一边写"弊"。他在"利"这边写下这些字："舞厅空下来。"接着说："你把舞厅租给别人开舞会或开大会是最划算的，因为这类的活动，比租给我当讲课用能增加不少的收入。如果我把你的舞厅占用20个晚上来讲课，你的收入就要少一些。"

"现在，我们来考虑坏的方面。第一，如果你增加租金，你不但不能从我这儿增加收入，反而会减少收入。事实上，你将一点收入也没有，因为我无法支付你所要求的租金，我只好到另外的地方去开这些课。"

"你还有一个损失。这些课程吸引了不少受过教育、修养高的人到你的饭店来。这对你是一个很好的宣传。事实上，如果你花费 5 000 美元在报上登广告的话，也不能像我的这些课程一样能吸引这么多的人来你的饭店。这对你们来讲，不是价值很大吗？"

卡耐基边说边把这两项坏处写在"弊"的下面，然后把纸递给饭店的经理，说："我希望你好好考虑你可能得到利和弊，然后告诉我你的最后决定。"

第二天，卡耐基收到一封信，通知他租金只涨 50%，而不是涨 3 倍。

卡耐基没有提自己的要求，只是很理性地为饭店经理分析了利弊，就得到了减租。

不论做什么事，人们都需要选择如何去办。选择的目的就是为了权衡利弊得失。在权衡的过程中，就要理性地分析问题。只有理智压过了情绪才有可能产生高效的决策。

国际商用机器公司的总经理沃森先生就是一个善于通过分析问题，找到关键性问题的人，他不仅善于和厂长、经理、专家们打交道、交朋友，而且经常深入到顾客和工人之中，了解产品情况，找出症结，做出决断。

一次公司召开销售经理会议，各地分支机构的经销负责人在会议上提出了一大堆问题。为了强调各自问题的严重性和迫切性，他们都准备了详尽的材料。分别标明"设计中的问题""生产中的问题"，讨论了很长时间也没理出头绪，会议陷入了僵局。

这时，沃森先生站了起来，他慢慢地踱到桌子面前，突然用手猛地一扫，材料飞得满屋子都是。他大声说："这里没有这类问题那类问题，所有的问题只有一个，就是我们对顾客没有充分的注意和关心！"说罢他大踏步走出了会议室。

会议继续进行着，这次他们在讨论总经理留下的唯一问题。他们关心顾客，改善售后服务，制订了很多很好的措施和办法，还打出了自己的广告："国际商用机器公司意味着服务。"

沃森这一口号变成了全体职工必须遵守的信条，并且在实施过程中不断完善，使每一个人都牢记在心，为提高服务质量达到了狂热的程度。

世界知名的管理顾问大师彼得·德鲁克在诊断问题时，总是先推开雇主提出的一大堆难题，转向客户问："你最想做的事情是什么？你为什么要去做呢？你现在正要做什么事？你做这件事的意义是什么？"

德鲁克从不替客户"解决问题"，而是替客户"界定问题"。

他总是改变客户所问的问题，提出一连串的问题反问客户。其目的是要帮助客户认清问题、分析问题，然后让客户自己动手去解决那个最需要处理的问题。

我们往往为了追求结果，而没有耐心花时间去理性地分析问题。我们常常只花几分钟就提出问题，甚至数年去解决一个不重要的问题。其实我们只要分析问题，把问题简单化、明确化、重要化（即判断出问题的重要性），那么问题就解决了一半。

人在完全理性下能够实现效用最大化。但是，理性地处理问题的基础是来自对客观事实的正确判断，来自知识的积累和综合的分析，尤其不要跟风和人云亦云。再者，分析问题不能局限于问题本身，要看到更广阔的背景才有利于正确判断。还有就是，展开想象应有尺度，不要盲目想，一定要尊重事实，切忌胡思乱想。这样，做事才能避免复杂、混乱的局面。

让事情变得简单的方法就是减去那些无足轻重的杂事，明确事物的实质，理性地分析问题，唯有这样才能做出正确的判断。若对繁杂的事情不能理性地分析把握，就不能充分认识事情的本质，也就无法高效地解决。

一天，一个制造工厂的首席执行官决定到基层查看。在他四处走动的时候，碰上了一个名叫特德的设备操作员，很明显特德正无事可做。他便问特德怎么回事，这个员工解释说，他正在等一个技术员来校准设备。并且特德还不失时机地向首席执行官抱怨自己已经等技术员很长时间了，电话打了好几次，可还不见人来。

首席执行官问："特德，这台设备你用了多长时间了？"

特德回答说："大概有20年了。"

首席执行官继续说："特德，也就是说，你用了20年你还不知道如何校准这台设备？这很难让人相信。因为我知道你可是我们最好的机械师。"

"哦，先生，"特德自豪地回答，"我闭上眼睛都能校准这个设备。但你知道，校准设备不是我的工作。我的工作流程与职表说了，期望我使用这台设备，并将校准方面的问题报告给技术员，但不必修理设备。"

首席执行官忍住自己的沮丧，邀请这位设备操作员到办公室，并拿出一份工作流程与职表。"我要告诉你，"首席执行官说，"我将为你写一份更有意义的全新的工作流程与职表。"首席执行官边说边将那份工作流程与职表撕掉了，并很快在一张新表上写了点什么东西，递给了特德。

新的工作流程与职表就一句话："用你的脑子。"

即使是作为一名最为普通的员工，我们所扮演的角色也不只是一名被管理者。彼得·德鲁克认为，任何一名高效的工作人员都应该是一名管理者，都应该学会自我管理，并找出自己的绩效和企业贡献之间的联系，以便为企业贡献智慧和力量的时候发挥出更大的作用。只有先通过学习成为一名能够自我管理的员工，然后才能成为一名管理者。

所以，在我们的工作当中，不能被动地等待，不能像特德那样等着老板告诉自己要怎么做。我们应该动用脑子，全面检查自己的工作，不要局限于职位流程与职表的地方。工作中有了问题，要知道主动地拿出具体的解决方案，去管理者那里寻求帮助，与他们进行沟通，获得他们的认同，改进工作的方法和技巧，进行更加高效的自我管理。

人和人之间最大的差别是思维能力与方法的差别，是做事用心程度的差别。善思者高人一筹、事半功倍，不善思者人云亦云、亦步亦趋，高效做事的前提是要思考，对一件事想清楚、想全面、想透彻。

很多事情并没有固定的程序模式，大部分场合我们只有一个抽象的目标指导。在什么时间该做什么事，该如何去做都是需要个人判断的。善于思考的人做事往往能把握事情的脉络，把事情简单化，并且做得很周到。

我们做事情是按照我们对事情的理解去做的，因此如何理解所要做的事情很关键。所以我们工作的过程应该带着思考，能够从小方面看到大方面，从点看到面，从表象看本质。高效人士做事不仅只做到手勤，脑勤也是最重要的。

曾经有位记者问老演员查尔斯·科伯恩一个问题："一个人如果要想在生活中做成大事，最需要的是什么？大脑？精力？还是教育？"

查尔斯·科伯恩摇摇头，"这些东西都可以帮助你成大事。但是我觉得有一件事甚至更为重要，那就是：看准时机。"

"这个时机，"他接着说，"就是行动——或者按兵不动，说话——或是缄默不语的时机。在舞台上，每个演员都知道，把握时间是最重要的因素。我相信在生活中它也是个关键。如果你掌握了审时度势的艺术，在你的婚姻、你的工作以及你与他人的关系上，就不必去追求幸福和成大事，它们会自动找上门来！"

这位老演员告诉我们，如果你能学会在时机来临时识别它，在时机溜走之前采取行动，事情就会大大简化。

把自己的目标深深地埋在心里，然后静待时机，也是高度智慧的体现。

1934 年，美国总统罗斯福为挽救美国历史上最严重的经济危机采取新政。实业家哈默密切地注视着形势的发展，他感觉到自己事业大发展的时候可能到了，因为新政一旦实施，禁酒令就会被废除。

早在 1922 年的时候，美国议会通过了《沃尔斯台德法案》。法案规定不许酿造和销售酒精含量超过 5% 的饮料，而到了 20 世纪 30 年代，因为经济危机，罗斯福总统不得不推行一系列改革的新政策。随着新政策的出台，哈默凭自己多年经商的眼光判断，认为罗斯福总统会取消已经不合时宜的禁酒令。而禁酒令一旦被解除，全美国对啤酒和威士忌酒的需求将会出现一个高潮。

然而市场上还没有酒桶，于是哈默把眼光盯住了白橡木酒桶。

看准了这个商机之后，哈默很快就从苏联订购了几船桶板。当货物运到美国时，却发现运来的不是成型的桶板，却是一块块晾干的白橡木板。等不及追究谁的责任，哈默马上就近租用了一个码头，修建了一座临时的桶板加工厂，日夜不停地加工这些白橡木板。

哈默的眼光是正确的。如他所料，禁酒令很快就被解除了。当禁酒令解除时，哈默的酒桶正从生产线上源源不断地下线，这些酒桶很快就被各大酒厂抢购一空，因为供不应求，哈默又建立了一个现代化的加工酒桶的工厂，钞票源源不断地流入了哈默的口袋。

要想成就大事，就要养成看准时机再行动的习惯。做事高效的人在做事的时候，总是先看准时机再行动。

大千世界，无奇不有；芸芸众生，各有所异；事态变化，难以预料；成败与否，一言难定。

人一生最大的成就不在于你是否在某个领略独占鳌头，亦不是你让身边的人敬而远之，而是，以德服人。很多人常以"才"为傲，殊不知千千万万个南郭先生在我们身边徘徊。才，是成功的重要因素之一，但倘若没有德与之同行，才也未必能彰显出其优势。

金无足赤，人无完人。任何人在看待、处理问题时都不可能做到面面俱到、十全十美，但是，我们应该学会辩证地看待问题，理性地解决问题。把所有的错误都归咎于任何一方，采取偏激的言论、行为解决问题，这不现实也不可取。论语有云：吾日三省吾身。为什么我们要接受教育，为什么我们要接受先进文化的熏陶，为什么我们要接受道德的洗礼？这还不是在于提升我们自己的素养吗？人，不应该把目光局限于眼前，要学会自省，学会反思，学会换位思考。对于一个人，我们不能仅以他一次两次的错误就把他判死刑，对于一个团体，我们亦不可因为某一个人两个人的错误而抹杀了它的所有成就。人非圣贤，孰能无错，而我们犯错了，第一时间不应该是找借口，不应该是推卸责任，应该是自我反省。

　　人经历多了，总会有那么一点收获。人活着，要充实但不能累乏。世道纷纭，熙熙攘攘，心为外利所动，几乎失去真我；物欲横流，乃至人心不古；求诸外欲，而忽略了内心的坦然。小事的纷争可掀起一场轩然大波，利益的冲突可引起众人反目成仇。其实，为什么我们就不能站在一个更高的角度去看待问题呢？当每个人都被利欲冲昏头脑时，我们还能理性地解决问题吗？不然，这就需要我们不断地自我完善，解决问题的方法很多，但并不是每一种方法都能行得通，而最佳的方法却一定离不开你个人的主观思想，我们只有冷静、理性地看待问题，思考问题，我们才能找到最佳的方法。

魔力悄悄话

　　很多人的成功有时就体现在对事情的预见之中。有能力看准时机的人能及早地预测到事情发生的原因和发展的方向，所以能够未雨绸缪，把事情引向有利于自己的方向发展，使事情办起来很顺畅。做事不懂得洞察时机的人，只能任由事物发展，所以在做事的过程中可能会遭遇到更多的挫折和困难。

正义者是努力做事的人

千里之行始于足下，谁的路谁能替谁去走？所以，一切的努力要靠自己。不劳而获是疯子的臆想，光说不做是骗子的伎俩。

人无远虑必有近忧。倘若日子只是做一天和尚撞一天钟地"混"，人生岂不是白白荒废？人的潜力靠自身的挖掘，人的奋进更是靠自身的醒悟。改变从一点一滴做起，付出才能靠近目标，何况付出还未必会得到？如果一切只停留于想象，生活永远不会有起色。

毋庸置疑，人生最大的敌人就是自己。不要轻易承诺，因为没有分量的承诺只能让别人更加低看了自己。除却懒惰，除却小聪明、踏实才是唯一获取成功的道理。

一个不擅于经营自己的人必是一个一事无成的人，一个不擅于规划的人生必是一个失败的人生，常常地自省才能自新。如果你甘愿做井底之蛙，那么就连眼下的幸福也很快就要溜掉了。

不是生活平淡如水，是你的热情不够；不是人生平淡无奇，是你的努力不够；不是自己老了，是你的思想有问题。压力是自己给的，当你遇事不知所措，当你生病掏不出钱……问问自己，曾经都为了生活做了什么，铺垫了什么、积累了什么。

在第一次世界大战期间，诺曼上校做事的方式让我很惊叹，刚开始的时候我并不理解，直到在美国听到他和他的儿子们告别时的谈话，我才明白了他这么做的原因。

诺曼说："孩子们，你们要挑战自己，这将会给予你们力量！"

看到儿子们眼睛里放射出来的迷人光彩，诺曼于是既严肃而又兴奋地接着说："孩子们，你们注定是战士，你们不会因为自己内心的怯懦而去逃避责任，逃离人生的战场是可耻的，你们有做好任何事情的能力，我深知这一点，你们可以相信我，也更要相信自己。只要你们自己有勇气，任何地方都会有你们的道路。如果你们一时间找不到路，如果那些道路十分拥挤，而且恐惧、失望、无助、躁动，又会时时围绕着你们，那时候你们该怎么办？是退却还是迎上去，作为你们的父亲，我想对你们说，必要的退却是有益的，不要任何时候都不顾危险地迎上去，要知道，战斗是你们实现成功的唯一方式，接近成功时仍然要不顾一切地往前冲，已经胜利的也要再接再厉，记住父亲的一句话，要敢于向任何事物挑战，也勇于接受任何应战。"

以前保守的日子将会一去不复返，那就从现在开始把烦恼抛开，轻松上路。也许你已经为自己安排了成功的道路，那就把目光盯向你的能力而不是你的弱点，每天你所要思考的就是一些美好的计划和怎样实现它们的方法，而不是那些让人压抑的东西。

魔力悄悄话

人人骨子里都有劣根性，比如自私，比如懒惰、比如欺骗……关键是你能否意识到这些并随时改正。人没有贫富差距也没有高低贵贱之分，生命对于谁都只有一次，机会对于谁也都是平等的，所以，因着个体努力的差异才会有不同的人生。

第三章
失真则正义无依归

在伦理上，正义即善，被看成是一种个人美德和人的需要或者要求的一种合理的、公平的满足。

在政治、经济上，正义指一种与社会的理想相符合，足以保证人们的合理需要和利益的制度。

"正义"一词，在中国最早见于《荀子》："不学问，无正义，以富利为隆，是俗人者也。"正义观念萌于原始人的平等观，形成于私有财产出现后的社会。不同的社会或阶级的人们对"正义"有着不同的解释：古希腊哲学家柏拉图认为，人们按自己的等级做应当做的事就是正义；基督教伦理学家则认为，肉体应当归顺于灵魂就是正义。

"断手闭目"的正义

冯象在《正义的蒙眼布》中写道：正义的形象为一蒙眼女性，白袍，金冠。左手提一秤，置膝上，右手举一剑，倚束棒。束棒缠一条蛇，脚下坐一只狗，案头放权杖一支、书籍若干及骷髅一个。白袍，象征道德无瑕，刚直不阿；蒙眼，因为司法纯靠理智，不靠误人的感官印象；金冠，因为正义尊贵无比，荣耀第一；秤……比喻裁量公平，在正义面前人人皆得所值，不多不少；剑，表示制裁严厉，绝不姑息，插着斧子的束棒，古罗马一切刑罚的化身。蛇与狗，分别代表仇恨与友情，两者都不许影响裁判。权杖申威，书籍载法，骷髅指人的生命脆弱，跟正义恰好相反：正义属于永恒……

正义女神需要蒙起双眼来主持公道，蒙眼即是为了防止受到威逼利诱而影响自己对事实的判断，意味着坚持程序正义而不受具体情境的干扰。埃及王城底比斯的司法在古希腊历史学家普鲁塔克看来最为公正，因为宣示神谕的祭司必须断手闭目，他们不能伸手收受贿赂，眼中也不会看到权势。正义与势利很难兼容，势利小人可能会因钱财、地位等诱惑而放弃自己的原则，满眼尽是孔方兄。正义虽不排斥对利禄的追寻，但强调"君子爱财，取之有道"。"不义而富且贵，于我如浮云"（《论语·述而》），就是对正义与利禄的应然关系的诠释。

"断手闭目"虽是夸张的说法，但它的用意即是追寻正义需撤除权势、利禄等与事实无关的因素的干扰。以《正义论》闻名天下的罗尔斯也为正义的实现设定了无知之幕作为前提。没有人知道自己的社会出身如何，自己到底属于中产、巨富还是赤贫，也没有人知道自己先天的资质、能力、智力、体力是否属于优等。不仅如此，罗尔斯甚至假定每个人都不知道自己的价值观。也不清楚自己是否有什么特殊的心理倾向。罗尔斯认为在无知之幕下，每个人由于不知道自己的可能处境，不知道自己是会处于优势还是居于劣势，必将努力促成比较公正的分配方式，以免无知之幕去除后，自己若处于劣势地位会遭受到不公正的对待。很多人对罗尔斯的《正义论》的批判都是从无知之幕不具有现实可能性入手。就社会现实来看，除非初生的婴儿，每个人都能够对自己的资质、身份、地位等了如指掌。但是无知之幕的价值在于呼吁人们撇开套在人身上的各种框框看待人与人之间的关系。它希望我们在处理人与人之间的关系时，剥除每个人的外在条件，保持每个人应具有的平等地位，对每个人不分贵贱尊卑地一视同仁。正义女神的形象被古今学人所津津乐道。罗尔斯的无知之幕虽有软肋，但其精神意涵闪烁的光芒很难被掩盖。它们之所以没有被历史大浪卷入海底，是因为它们试图解决的问题今天依然存在：权力、钱财、人情等依然在诱惑着正义脱离正轨。2010 年 10 月 16 日晚，河北大学两名女生被一辆黑色轿车撞出数米远。其中一名女生于次日经抢救无效死亡，另一女生重伤，经紧急治疗后，方脱离生命危险。这起交通事故的不寻常之处在于司机并没有停车救人，甚至都不屑于驾车逃逸，而是若无其事地继续开车去宿舍接女友。在被学生和保安拦下后，他甚至不无嚣张地亮出身份："我爸是李刚。"这句话一时成为各大网络论坛的关注点，也成了中国社会"官二代"在有权势的父辈荫庇之下猖狂的代名词。在这名肇事者看来。自己捅了再大的篓子都不用担忧，因为这个有权的爸爸定能摆平。他的问题或许是因为其当官的父亲忙于工作而对其疏于管教，或许是为官的父亲上梁不正而下梁跟着歪。然而，追根溯源，问题的本质并不在这个"官二代"或其父亲身上，而在于社会对各种权力至上、钱可通神、人情面子等乱象的默许与纵容。整个社会环境使浸润于其中的李某深谙权可通天的潜规则，以致他在肇事之后毫无惧色，甚至在撞人后还抱怨："看把我的车刮的。"由于媒体的披露，该事件最终以法律的手段达到了一个正义的结果。

除了肇事者的嚣张外，事故发生地河北大学的表现也反映了权力对正义的欺凌。事发当时，很多河北大学的学生目睹了事件发生的经过，但河北大学惧于权势，居然要求目击的学生噤声。按理来说，大学不应是漠然的象牙塔，更不能在权势面前奴颜婢膝。知识分子集聚的大学应该代表着社会的良心，理应为追求社会正义而抗争。然而，河北大学的表现投射出本应为精神高地的大学在权力面前如何不堪一击。

而且，很多平民百姓会以获得权贵的庇护为荣，"我上面有人"成为很多人喜欢拿出来炫耀自己的一句话。《武林外传》的编剧宁财神也曾故作天真地拿"我上面有人"戏谑了一番。秀才迷上了写武侠小说，芙蓉找来了曾出版过禁书的书商范大娘与秀才签订出版协议。优柔寡断的秀才有些犹豫，范大娘却拍胸脯保证，说是秀才的小说无论写成什么样，自己都能将其当作黄金卖出去，因为自己"上面有人"。在范大娘因为有窝藏赃物的嫌疑而被抓进衙门后，她依然高声扬言自己上面有人。大人于是派守卫上"上面"——屋顶——去查探到底有什么人。结果守卫不慎踩塌了屋顶，范大娘不幸被砸身亡。大人与守卫仍然满腹疑窦："我还是搞不清她上面到底有什么人。"宁财神的戏谑博得了很多观众的会心一笑。剧中的大人与守卫之所以会让人心生好感，正是因为他们的看似无知实际上是在嘲弄自认精明的趋炎附势者。观众在被这个幽默逗乐的时候，他们珍视正义的内心也被温柔地触动了。

魔力悄悄话

官员理应是"为人民服务"的公仆，但一些人未能摆正自身位置，将权力当作牟取私利的工具。在他们看来，拥有权力就意味着拥有优先、便捷享有各种资源的机会，而且资源分配权也使得各方势力胁肩谄笑地纷纷投靠。权力带来的优越感着实让他们畅快乃至得意忘形。

尊重真实是需要勇气的

作为伸张正义的第一步，求真不能仅限于认知层面，它还需要在尊重事实的基础上实事求是地针对问题本身进行裁决，而不是瞻前顾后、投鼠忌器。《红楼梦》中贾雨村在审理"呆霸王"薛蟠仗势打死冯渊并抢走香菱的案子时，门子递给贾雨村"护官符"，示意其如何对财大势旺的薛家礼让三分，又如何趁机报答与薛家是姻亲的贾府与王府提拔的恩情。"护官符"形象地介绍了当地的名门望族，他们的显赫与豪奢使他们具备了只手遮天的本领。若有人在当地做官得罪这四大家族，丢掉的恐怕不只是头上的乌纱帽，还包括那顶着乌纱的头颅。

贾不假，白玉为堂金作马。

阿房宫，三百里，住不下金陵一个史。

东海缺少白玉床，龙王来请金陵王。

丰年好大雪，珍珠如土金如铁。

贾雨村心里早已拿定了主意，却假装半推半就地听从了门子的教唆。他徇情枉法，胡乱判断了此案。在他把大事化小、小事化了之后，不忘去信向贾王两家表示忠心。对于豪门贵族。贾雨村等依靠科举考试才摆脱草民身份的人不得不礼让三分，何况贾雨村的官运也少不得豪门贵族的提携。若不卖给他们面子，或许自己会连"里子"都赔个一干二净。

贾雨村之类的人物在历史上并不少见，他们不是庸庸碌碌地被历史大潮涤荡，就是制造或参与了惊天大案而遗臭万年。只有那些不阿谀权贵的人不仅会被当时的百姓爱戴，而且也会让后人肃然起敬。个性耿直的海瑞正是其中著名的代表。黄仁宇在《万历十五年》中详细描述了海瑞如何与贪官鄢懋卿较真。1560 年，鄢懋卿受命清理盐法，贪婪的他却标榜俭朴，在出发前向各地方官发出通令，要求大家简单接待，避免奢侈浪费。在其他人对这种沽名钓誉的官样文章视作浮云时，时任淳安县令的海瑞对此却非常认真。在鄢懋卿还未到达淳安时，就接到了海瑞呈上的禀帖。海瑞在禀帖中义正词严地劝告鄢懋卿，说是各地接待钦差大人的准备都很铺张，每桌酒席费银三四百两，而且还有金花金缎在席间奉送，宴饮的各项用具都很华丽，连夜壶都是银质的。海瑞要求钦差大人摒弃奢华的排场和搜刮，并且说大人若不能拒绝地方官这样的阿谀恭维，将来会因为做不到公事公办而无法完成皇上委托的任务。据说，鄢懋卿接到禀帖以后，就没敢进入淳安，而是绕道他去。

2003 年，非典肆虐，人心惶惶，每个人都渴望早日听到疫情已得到控制的消息。在世界卫生组织的新闻发布会现场，会场上的中外记者始终不相信当时卫生部门对外发布的疫情数字，并提出了这样的问题："那么按照你们的看法，是不是疫情已经得到了控制？"呼吸系统疾病专家钟南山忍不住了："什么现在已经得到控制？根本就没有控制！"全场一片哗然。他继续回应说，中国医护人员的防护都没有到位，何谈控制呢？钟南山事后告诉媒体，他认为把真相公布于世更有利于稳定。钟南山的那句"科学只能实事求是，不能明哲保身"赢得了人们的赞誉，坚持真理的他不仅没有陷于不利处境，而且凭着他的求真精神成了抗击非典的英雄。

魔力悄悄话

对事实的坚守不只是指当他人通过歪曲事实牟利时，我们应当站出来拆穿他人的阴谋，也包括当我们对事实的坚守可能与个人的荣辱相冲突时，我们应当置个人荣辱于度外，以免纵容他人对事实的歪曲而危害公共利益。

较真是一种责任吗

陕西农民周正龙声称拍到了华南虎，老虎照经过了当地林业厅的鉴定。但此事随即遭到了网友的质疑。在长达八个月的时间里，"打虎派"与"挺虎派"两方对峙。直到一名细心的网友发现虎照与自家墙上的年画非常相像，此事件的形势才急转直下。最终的结果是周正龙因诈骗罪被捕入狱，13名涉案官员也受到了行政处分。"华南虎照片事件"的成功解决离不开网友的求真、较真。然而，故事并非就此终止，"正龙拍虎"大有成为新成语的架势，它的贬斥意味十足。每每提起周正龙，总会有人浮现不屑与嘲讽的神情。事实上，虎照事件的处理结果表明，蒙蔽全国人民的罪责也不能归到周正龙一个人头上。若我们再很较真地拽着周正龙的小辫子，那样的较真会和正义背道而驰。此时，只有宽容才能避免更大的不正义。

"水至清则无鱼，人至察则无徒。"当一个人总是不管不顾地较真的话，他会被人认为是个挑剔的刺儿头，很难被其他社会成员接纳。一个人若被视为古怪的另类，他的眼光再锐利、对事实的把握再精准、心里再如何有正气，人们也会忽视他的意见。他也会在得不到大众支持的情况下感慨自己空有一腔伸张正义的雄心。

所以，即便是为了正义的较真，也要讲究艺术，在较真时要注意对象、场合以及问题的性质。

第一，对于自律能力较差的儿童或缺乏经验的新人来说，他们无意之中所犯的错误或许会给他人带来麻烦或造成伤害，但是我们还是应该在宽容与较真之间尽量选择宽容。对于不成熟的儿童来说，若我们穷追猛打地较真，不用宽容为他们留有摸索的空间，那我们实际上是在以帮助他们改正错误的名义阻碍他们的成长。对于职场新人而言，犯错误也意味着积累经验、教训，若我们对于他们的无意之失过于计较，他们可能因此会变得畏首畏尾，甚至会庸庸碌碌地"不求有功，但求无过"。

第二，对于爱面子的人，和他们较真不宜在公开场合进行，否则他们在面子受损的情况下会产生逆反心理，从而死撑着不改；对于拖沓懒散的人，当着别人的面与他较真则比较合适，他人的监督会成为激发他改正自身不良言行的动力。

第三，避免把较真变成控制他人、凌驾于他人之上的手段。有些人通过咄咄逼人的较真，以逼迫他人当众承认错误等方式伤害他人自尊心乃至贬低他人人格。这样的较真不是为了伸张正义，而是别有用心地标榜追求正义，实际上却是在发泄不良情绪、牟取私利。小悦悦不治身亡后，丧女之痛尚未平复的小悦悦父亲便接到了大量质疑善款去向的短信电话，甚至被人怀疑借女敛财。虽然公众在道义上对于捐赠的善款有监督权，但是这种充满敌意的较真反倒让人怀疑这是一种道德暴力。而道德暴力的精神杀伤力并不一定会比道德冷漠小。

总而言之，对事应较真，对人要宽容，这样才能够创设一个正义而和谐的社会。

★ 魔力悄悄话 ★

勇于求真、敢于较真才能伸张正义，但是较真也是一门艺术，不能鲁莽、盲目，需要在理解与尊重他人的基础上适度地较真。否则，不恰当的较真可能会背离正义。

只有正义的制度才能扬善避恶

一名 10 岁的小女孩过马路时被一辆白色的林肯轿车撞倒并卷进车轮。在 60 余名群众的呼喊堵截下，司机反而加速行驶将孩子狂拖出两公里致死。

一辆银白色轿车倒车时不慎撞倒一名老太太，之后车子竟然先后三次倒车，反复五次碾过了老太太的身体。这都被小区的监控录像拍了下来。在接受交警调查时，司机却辩称自己以为当时撞倒的是垃圾桶。

一辆奔驰轿车将在宾馆门前玩耍的 3 岁幼童碾压致死。目击者称，奔驰轿车在撞倒孩子后，驾驶员下车察看了情况，但随即上车又倒车对孩子进行了血腥的二次碾压。

这些恶性事故的发生证实了"撞伤不如撞死"已经成为一条魔咒。这种丑恶的潜规则源于人的利益权衡，这是由交通事故赔偿条例的漏洞引发的。

国务院发布的《道路交通事故处理办法》规定，交通事故损害赔偿的项目包括：医疗费、误工费、住院伙食补助费、护理费、残疾者生活补助费、残疾用具费、丧葬费、死亡补偿费、被扶养人生活费、交通费、住宿费和财产直接损失。其中残疾者生活补助费要根据伤残等级，按照交通事故发生地平均生活费计算。自定残之月起，赔偿二十年。而死亡补偿费则按照交通事故发生地平均生活费计算，补偿十年。由此可见，根据这项规定。交通事故撞伤比撞死受到的金钱处罚可能更大。虽然肇事司机被证明确实是恶意杀死车祸受害人之后，会被判决故意杀人罪。但是很多司机还是心存侥幸，利令智昏地在车祸后第一时间确保自己只是一次性赔偿多少钱，而不是供养对方一辈子。而且，少数肇事司机还试图逃逸，他们心中想着若是受害人死亡，警方追查肇事者的难度必然会加大，或许自己就能够神不知鬼不觉地逍遥法外。撞伤人后又下车将伤者捅死的药家鑫是这么想的，而颇有争议地撞人后裸身躺在救护车前禁止救人的"女版药家鑫"估计也有类似的想法。前者是担心受害者记住车牌号后找自己麻烦而杀人，后者则被怀疑是在撞人之后装疯卖傻，恶劣程度比前者有过之而无不及。

人具有趋利避害的本能，在自己的利益与他人的利益产生冲突时，这种本能可能会让人选择伤害他人来保全自己。正是由于人放纵性情可能会作恶，所以才有必要用紧箍咒来规约人性，而制度无疑是一个非常重要的紧箍咒。

若想孙悟空乖乖戴着紧箍咒，紧箍咒仅仅只能粗暴地让他头疼是不够的，赐予紧箍咒的观世音还必须公正地与孙悟空讲清道理。没有对协助唐僧取经以普度众生的大义的理解，顽劣成性的孙悟空也不可能会乖乖戴上金箍。

就制度而言，能够规约人性的恶、发扬人性的善的制度才可能是正义的制度，这样的制度必须能够促进社会正义、保障个人权益，否则它会为潜规则助纣为虐，参与制造不正义。

归根结底，很多潜规则之所以会暗潮涌动，主要还是因为一些制度不够完善。它们未能考虑到具体的情境而操作性不强，从而为潜规则的产生提供了机会。

我国的社会主义法制仍在进一步健全中，难免会有一些漏洞存在，甚至某些法制一定程度上变成了作恶的工具。劳教制度就是一个典型，它曾在建国初期发挥过积极作用，却由于未能及时革新而饱受诟病。湖南一位母亲在为被迫卖淫的幼女讨回公道的过程中，在正当维权的手段不奏效后，被迫采取了一些"过激"行动。有关部门却以"扰乱公共秩序"为由，对其做出劳教决定。在这起"上访妈妈被劳教"事件被媒体曝光后，存在近六十年的劳教制度被推到了舆论的风口浪尖。劳教制度的对象是轻微违法但又不够刑事处罚的人，它可以不经正当法律程序长时间剥夺公民的人身自由。于是，这一制度有时被极少数地方政府官员当作可以滥用的"维稳"工具。目前，十八届三中全会已作出决定，废止劳动教养制度。

魔力悄悄话

目前社会上仍然可能会发生"与其撞伤不如撞死"的悲剧，不正义的制度依然如同美人鱼魅惑的歌声般诱使人们做出疯狂的决定。不过，我们应该对制度正义怀抱希望与信心。譬如，曾经让人咋舌的城乡居民交通事故死亡赔偿同命不同价也正在成为历史。随着法制的完善，制度的正义问题受到了人们越来越多的关注，怂恿作恶的潜规则也在一步步地丧失立足之地。

没有最完美的公正制度

自 1977 年恢复高考以来，每年的高考时节都有千万个家庭过着紧张但又满怀憧憬的生活。毫不夸张地说，高考甚至关系到很多人一生的命运与家庭的幸福。不过，这一制度也难以避免各种指责。譬如高考考题多数考察记忆能力与语言表达能力，而女生相对男生而言更适应考察记忆力的考试方式，女生的语言表达能力也更佳，所以女生更容易在高考中脱颖而出。放眼各大高校，阴盛阳衰的现象也在无言地控诉着高考制度的缺陷。而且，家庭背景好、父母文化水平高的学生因为经济资本与文化资本的双重优势更容易在高考中取得成功。但若简单地抛弃高考制度，拉关系、递条子、买名额等各种不正义的事会喷涌而出。"文化大革命"期间因取消高考而发生的一些闹剧仍历历在目，历史的教训我们不能不铭记在心。因而，到目前为止，高考仍称得上是正义的人才选拔制度。

从高考制度的分析可知，完美的公正制度几乎不存在。由于特定历史阶段和社会背景的限制，任何国家和社会的制度都难以全方位地经受正义标准的考量，多多少少在周全性上还存在漏洞。但是，这并不能成为我们蔑视、违抗这些制度的充分理由。罗尔斯在《正义论》中谈道："一个法律的不正义不是不服从它的充分理由。当社会基本结构由现状判断是相当正义时，只要不正义法律不超出某种界限，我们就要承认它们具有约束性。"

也就是说，即便某些制度不够正义，但在没有更好的制度替代其之前，我们必须以遵循这些制度为义务。完美的能经受住全方位的正义考量的制度可以作为一种自然的追求，但复杂多变的现实中却少不了权宜之计。有必要说明的是，我们不是因此鼓吹没有必要对高考制度进行改革，只是强调不能轻易废除这些制度而已。

魔力悄悄话

在特定的历史背景或社会情境中，出于避免更大的不正义的需要，一些不太公平的制度是可接受的。但那只是权宜之计，并不表明不正义的制度是正当的。譬如，"让一部分人先富起来"的政策向少数群体进行利益的倾斜，这有不正义的嫌疑。但是，它是为了避免全国一直处于穷困、落后的泥淖中，从而以这一略显不正义的政策作为发展的突破口。因而从总体上权衡的话，这一政策是可接受的。

如何应对制度不正义

领导美国黑人解放运动的马丁·路德·金在《寄自伯明翰监狱的信》中谈到了法律公正的标准：第一，任何提高人格的法都是公正的，任何贬低人格的法都是不公正的。第二，不公正的法律是一种多数强加于少数，而自身并不受其约束的法律，这是差别的立法；另一方面，公正的法律是一种多数迫使少数遵循，而它自身也遵循的法律，这是平等的立法。第三，若法律强加于少数。而该少数被拒绝了投票权，因其未曾参与该法律的制订，该法律绝非公正。第四，有时法律表面是公正的，其应用却是不公正的，如一条要求游行需先经过批准的法律是被用来保护种族隔离时，它就变成不公正的了。

由于法属于重要的制度，马丁·路德·金的分析对于制度正义无疑也具有借鉴意义。他的分析为我们揭示了追求制度正义的准则：制度要提高人格，制度应人人适用，制度的规约对象应参与制度的制定，制度不能用于不正义的目的。我们可以根据这四条标准对现有制度进行考量，对不公正的制度进行反省与补救，也可用这四条标准作为参与、监督新制度修订的指导原则。

虽然我们不能鲁莽地反抗不够公正的制度。但是我们对于毁坏人心、具有较大的社会负面影响的某些制度（例如暗中怂恿"撞伤不如撞死"的制度），我们不应无原则地妥协，而应积极地推动它们的修改和完善。尤其是那些已在国外有可借鉴的成功经验的制度，我们更不能冷眼旁观、漠然以对。在美国，交通事故死者的赔偿金高于伤者。而且，撞死人的司机即便没有被判处监禁，也会被终身禁止驾驶。这些国外的制度都有利于避免司机的"撞伤不如撞死"的侥幸心理。

网络平台的发展让人见证了"智慧在民间"。网友对制度的评论、监督与建议虽然良莠不齐，但其中不乏独到、精辟的见解。各种听证会现在也慢慢多了起来，其中也有关于法律、制度等制定或修订的听证会。例如，我国在 2005 年就曾召开过个人所得税工薪所得减除费用标准听证会，而且各地方省市也先后尝试对立法进行公开听证。又比如，上海市早就在 2001 年以听证会的形式对《上海市中小学校学生伤害事故处理条例（草案）》进行了公开讨论，北京市也曾在 2004 年召开了道路交通安全法规听证会，湖南省新闻出版局也在 2009 年召开了《湖南省印刷业管理办法》立法听证会。充分征求民意的立法会考虑更加周全，从而有效地避免制度的缺陷所引发的不正义。这些立法听证会基本上都会通过媒体公开征召听证代表，以使公众尽可能充分地参与公共事务的商议。公民应当借助这些平台的便利，积极参与这些事务，尽自己的能力协助立法者将不正义的制度扔进历史的垃圾堆，使正义的制度能够生机勃勃地在人类文明的大地上落地生根、茁壮成长。这不仅有利于社会的发展，也能够护佑个人的福祉。

魔力悄悄话

作为公民，我们对于制度不正义的问题不能只是牢骚满腹，应积极开拓公民作为的空间。虽然平民没有行政的权力，但却可以通过行使话语权等方式监督制度不正义问题的解决，为完善制度的正义性建言献策。

第四章
正义也可能招致罪恶

　　广州海珠桥是连接珠江两岸的要道,车流量特别大。一名讨要工程欠款的包工头陈某爬上海珠桥,并拉起横幅,试图引起社会关注,从而帮助自己要回欠款。消防人员几经劝说,陈某却迟迟不愿爬下大桥,导致海珠桥中断交通达五小时之久,造成巨大的经济损失。途经此处的赖伯见状悄悄爬上海珠桥,与陈某沟通几句之后,趁其不备将其从大桥上推了下来。出人意料的是,消防人员并没有将安全气垫充满,陈某摔下来后腰部受损、右手粉碎性骨折。赖伯的举动引起了极大的社会争议。

　　正义毕竟不是金手指,不具有化腐朽为神奇的魔力。赖伯的行动是在南辕北辙地追寻正义。

"打死活该"是一种暴戾

　　成都市某商家曾贴出了这样的"严正申明"："春节即将来临，为保证顾客良好安全购物，本专卖店从即日起决定，替天行道，为民除害，凡进本店偷窃货物者，捉住立即打死，送火葬场，决不手软。"除了这种骇人听闻的恐吓之外，小偷被打死的事件也时有耳闻。即便法学人士常常呼吁尊重小偷的人权，不能滥用私刑，但是我们以"小偷打死活该"为关键词进行网络搜索，依然能检索出 70 多万条相关结果，由此可见这一问题的严重性。

　　小偷就像是顽固的牛皮癣，时时瘙痒作痛，甚至淌出令人作呕的脓水。对此，人人想除之而后快。不过为了攻克牛皮癣而挖肉刮骨，这就无异于饮鸩止渴。一些对付小偷的手段虽然没有"打死活该"那般暴戾，但也会让人不寒而栗。譬如，某位做小生意的店主不堪小偷滋扰，为了以儆效尤，店主在抓到小偷之后居然将"我是小偷"的纸牌挂其胸前并绑在电线杆上示众。他们痛恨小偷的心情可以理解，但惩治小偷的方式实在令人不敢恭维。

　　除了"打死活该"这样的极端言论外，生活中也存在很多较为缓和的个人强行正义问题。老人以乱石砸闯红灯的违章车辆：教授戳破小区里乱停乱放的车辆轮胎；中年男子拿钱扇未给老人让座的女子的脸……诸如此类事件时不时地见诸报端。他们的初衷是好的，但这种以侵犯他人合法权益的方式来捍卫公共或他人权益的做法也是一种恶。以恶制恶不仅很难达到伸张正义的目的，反而会产生更多的不正义。

　　个人对正义的坚守与追寻自然是好事，但方式不得当的话，就可能导致个人强行正义问题。伸张正义需要的不仅是对正义的信仰与行动的勇气，也需要捍卫正义的智慧。否则个人仅凭着一腔热血鲁莽地追寻正义，只怕有缘木求鱼之嫌。个人强行正义看似能使人走向正义，实际上它只是通往正义之路的一个陷阱。一旦落入陷阱，个人不仅不能拥抱正义，反而会抹黑自身、伤害他人。事实上，个人强行正义只是在以自己的一种恶替代他人的另一种恶，而且这种替代未必能成功，因为以恶制恶很可能会引发最初的恶的反扑。

个人强行正义的不可行主要在于个人的不稳定性，这可能会发生赏罚不公的问题。由于主观认知的差异，个人在制裁不正义行为时具有一定的随意性。对于恶劣程度相同、性质一样的恶行，由不同的人实施惩罚，那么很可能这些相同的恶行受到的惩罚会相差很人。

而且，个人的观察力、判断力、行动能力等毕竟有限，很难保证个人制裁不正义时不会产生偏差。无论是对不正义判断错误还是惩治失当，那样都可能造成不正义的发生。很多事实都证明，人在道德激情的驱使下，很难把握惩罚的度，容易出现过激的言行。2010 年，药家鑫撞伤人后又下车将伤者捅死，这起事件给社会造成了极大的恶劣影响。一个原本与此案并无瓜葛的人也因此被推上了舆论的风口浪尖，他就是受害者一方的代理人张显。张显的加入无疑是奔着正义而来，但他却因为一些过火的言论转而向药家施加了新的不正义。为了防止药家的"背景"干扰司法公正，他试图"发动一场捍卫法律的人民战争"。于是他在微博上发布了一些不合实情的言论，称药家有特殊背景，药家鑫是"官二代""富二代"，药家有"四套房"，药父"负责军品采购，身居要职"等。药家因此遭受的舆论谴责远远超过因教子无方而应受的批评。

张显的言论不仅侵犯了药家鑫父母的名誉权，而且使得一些听信其言论的网友谩骂、羞辱、诅咒药家鑫父母。在忍无可忍之下，药家鑫的父亲将张显告上了法庭，张显被判决连续 30 天在博客、微博上发表道歉声明，并赔偿对方精神损失费 1 元。张显的行为归根结底是对司法公正的怀疑，他不惜用一些主观、片面的言论煽动充满暴戾之气的社会舆论，

以便对司法构成压力。法律面前人人平等，不论是心如蛇蝎的恶人，还
是追逐正义的所谓善人，只要侵犯了他人的正当权益，都逃脱不了法律
的惩罚。

魔力悄悄话

由这场闹剧我们可以看出，个人强行正义的问题是不恰当地发挥正
义感，使得原本珍贵的正义感变得廉价乃至多余。

劫富济贫心态与群体性事件

根据惠西城与石子编的《中国民俗大观》记载，财神有好几个，如"正财神"赵玄坛，"偏财神"五路财神，"文财神"财帛星君，以及"武财神"关圣帝君……民间传说，"偏财神"亦称"五显财神"。他们一家五兄弟，原是劫富济贫的大盗，被杀后阴魂不散，常常显灵。因其姓伍，且又兄弟五人，故被称为"五路财神"或"五显财神"。据说，"五路财神"死了还是不改本性，凡是穷苦人家去求财的都很灵验，为富不仁的却常常破财。是诸神中最富有侠义色彩的几个。

金庸、古龙等的武侠小说与以其为蓝本改编的影视剧之所以如此流行，不仅是因为各种江湖传奇的惊险与神秘，还在于武林高人的行侠仗义大大满足了读者和观众心中的正义情结。武侠小说中各种劫富济贫的义士深得人心，连官场现形记式的《让子弹飞》也让土匪使出了劫富济贫的招数来赢得民心。我国历史上很多农民起义也打出了"均贫富""劫富济贫"的旗号，赢得了当时与现在很多人的同情和理解。劫富济贫的伍氏五兄弟还被供为财神广受香火，这就可以证明劫富济贫在民间被视为正当的、高尚的。在很多人看来，劫富济贫的人就是正义的化身。

劫富济贫之所以在民间比较有市场，受到百姓的拥护，是因为它将富人视作不义的化身，而对不义者行不义似乎就负负得正地变成了"正义"。古往今来，很多富人都被认为是可疑的、有污点的，他们不是被怀疑在致富的过程中巧取豪夺、压榨百姓，就是发家后被贴上为富不仁、鱼肉乡里的标签。在我国古代，造富要么是生意兴隆，要么是官运亨通。前者被钉在了"无商不奸"的耻辱柱上，后者则难逃"三年清知府，十万雪花银"的嫉妒和唾骂。这种凡是富起来的人都不是什么好人的价值判断，决定了"劫富济贫"的舆论市场。无论是在中国古代社会还是当今社会，民众看到富人遭逢厄运比较容易在同情的感情中不自觉地掺入幸灾乐祸的成分，甚至对于少数富人群体（如煤矿老板）遭遇不幸还会拍手称快。尤其是现在贫富差距日益加大，少数富人还公开宣扬一些歧视穷人或弱势群体的言论，都进一步激发了人们的仇富心态。

劫富济贫式的正义观可能会被人们付诸暴力的实践。虽然这在法制化的现代社会发生的可能性较小，但是贫富悬殊的现状会催生一种充满暴戾之气的怨愤与劫富济贫的破坏欲。这只由不良情绪积聚而成的火药桶，不知何时就会爆炸。2005 年 6 月，安徽池州的一名私立医院院长乘坐的丰田轿车将中学生刘某刮伤。双方发生争执，车上司乘人员将刘某打伤。目睹此事的摩的司机义愤填膺，于是赶上来帮助刘某。据当时在现场的人说，私立医院院长居然对手下叫嚣：打，打死一个就 30 多万。这更点燃了群众的怒火，双方冲突升级。警方赶到现场后将肇事者连人带车带到派出所接受调查。由于肇事者极为傲慢地拒绝下车，警方未能给肇事者戴上手铐，而只是派一名警察坐上了肇事车辆。路人由此认定警方会偏袒"开轿车的"，便带着怀疑与愤怒的情绪聚集到派出所监督。由于当时谣传刘某已经死亡，而轿车主与警方有勾结的嫌疑，怒火熊熊的群众烧毁了轿车、冲击警局、攻击警车、哄抢超市。

这样的结果显然与正义本身背道而驰。

魔力悄悄话

有钱老板与文弱中学生的鲜明对比让摩的司机的正义感勃发，正是他们的参与导致事态扩大，以致在群体情绪的激荡中演变为危害社会正义的暴力行动。

正义不是免错金牌

姜某因为丈夫王某的婚外情极度伤心，她在网上写了死亡博客后跳楼身亡。众多网友得知此事后非常同情姜某，认为王某的所作所为令人不齿。为了对王某进行惩罚，网友自发组织了针对王某的人肉搜索，将王某及父母的详细信息均放在了网上！网友还威胁王某与"小三"所在的单位，若不开除两人，网民将抵制这家广告公司。两人最终被单位开除。不仅如此，由于王某的父母默许"小三"的存在，被网友认定那是导致姜某自杀的另一重要原因。于是，王某父母的住处被愤怒的网民用油漆涂写了"无良王家""逼死贤妻""血债血偿"等标语。张某系姜某的前男友，他得知姜巢的事情之后，在网上注册了"北飞的候鸟"网站，声称要祭奠姜某，并为姜某讨回公道。不堪忍受的王某以隐私权与名誉权被侵犯为由状告张某、大旗网、天涯网。法院判决张某、大旗网与天涯网停止对王某的侵害行为，张某赔偿王某精神损失费五千元。大旗网赔偿三千元。由于天涯网及时删除了侵权的帖子，故被免于处罚。这起事件被称为"人肉搜索第一案"。

张某以及众多网友的举动奔着公道而去，然而，他们的行为由于侵犯了他人的隐私权与名誉权而沦落为新的不正义。"人肉搜索第一案"无疑为个人强行正义敲响了警钟。由于个人强行正义的不稳定性，所以它会显得随意，以致让无辜的人担忧自己会莫名其妙地被打成反派而感觉恐慌。若谁都可以不通过正当的法律程序惩治他心目中的恶人，那么谁都可能成为另一个人眼中的"恶人"而遭受打击。个人强行正义很可能因此成为居心叵测之人作恶的工具。

　　个人强行正义问题的发生多半是由于少数人的误解，他们出于朴素的正义感，认为只要是为了好的或正义的目的，什么样的行为都可以被接受。事实上，正义不是免错金牌。追求正义的过程中也可能发生很多不正义的事。法国大革命年代的沙龙女王罗兰夫人曾经痛斥多少罪恶假自由之名而行。其实不只是自由，正义的圣旗下也可能躲藏着罪恶。别尔嘉耶夫是 20 世纪俄罗斯最有影响的思想家，他在《论人的使命》中就善如何变成恶进行了透彻的分析。"善恶斗争的主要悖论是同恶斗争经常产生新的恶——不宽容、狂热、暴力、残酷和凶恶感。善人在同恶人斗争时。却经常是凶恶的。对善自身的爱，对善的不懈追求，常常导致对待人的态度上的凶狠、不友好和无情。""人们甚至为了上帝的名义，为了正义，为了真理而残酷迫害和消灭人，实施暴力，否定精神自由。而那些把消灭他人身上的恶当作自己的目的的人，自己常常被恶所充满。"个人强行正义很好地诠释了这种善恶悖论。若想避免个人强行正义的问题，自认为是正义化身的人应当在伸张正义时接受相关法律法规的约束，否则正义的守护者很可能不知不觉中就变成了正义的敌人。总之，正义需要每个人挺身而出进行伸张，但是没有谁可以随随便便代理正义。

　　为了避免个人无意中强行了正义，我们在听闻不正义事件时，首先要辨别信息来源是否可靠。若是以"据网友爆料"为基础而写成的新闻，或者是网络论坛的匿名发言，则其中不可靠的信息居多，我们应采取静观其变的态度。

　　其次，在确认信息属实的情况下，考虑不正义是人的有意作恶还是无心之失，抑或当事人是否有什么难言的苦衷。在陈凯歌导演的影片《搜索》中，女主角叶蓝秋正是因为被查出淋巴癌晚期而神思恍惚，才没有在拥挤的公交车上给老人让座。她的行为因此遭到了不知情群众的唾骂，这为她离世前的生活画面泼上了暗淡的色彩。

　　再次，若确认信息属实，当事人也确实是因为品德恶劣才行不义，则根据不义之行的程度进行有针对性的处理。若程度比较轻，可以用舆论监督的方式解决，那就对其进行提醒、劝说、警告。而对于性质比较恶劣的不义之行，则应该通过举报等方式诉诸法律，让有惩罚权的公权力对其进行矫正。

最后，警惕连坐思维，以免在抵抗不正义时误伤他人。药家鑫杀了人并不表明他的父母也有罪，教子无方的他们可以接受批评，但他们的人格不应被侮辱，他们的正常生活也不应被干扰。"一人犯罪，株连九族"的连坐思维虽说已被今人扔进了历史的垃圾堆，但它却常常在群情激愤中趁乱借尸还魂，蔑视、排斥、打压罪人的亲朋好友以牟取私利或发泄阴暗情绪。

魔力悄悄话

个人强行正义虽然是为了社会更加公正、有序，但它最大的问题是无法保证自身的公正性，并且会给社会增加混乱无序的风险。

也说眼球经济

网络上差不多每隔一段时间就会出现一件耸人听闻的虐待动物事件，这些事件在激起网民愤怒的同时，也让网站收获了很高的关注度。但是，无论是用高跟鞋残忍地踩死小猫的"虐猫女"，还是隔着玻璃坐死小兔子的"虐兔女"，她们的残暴并非源于心理上的疾病，而是在策划人的操纵下接了份活儿而已。

这些残忍、血腥的视频都是经过策划后故意拍摄的，目的就是放在网络上供人下载，或制作成光盘出售，以此获利。

人的注意力存在一个有意选择的过程，对于那些正常的、正义的事情，由于平凡普通而难以刺激感官，我们的注意力会选择性地无视它们。相反，对于丑恶的、不正义的事情，因为它们冲击我们的感官，我们不仅在事件发生时会给予充分的注意，事后还会念念不忘地到处传播。在信息驳杂的网络社会，一种信息只有对人们的感官形成足够的冲击力，它才可能在众多信息中脱颖而出引起人们的关注。

虐猫、虐兔等残忍的画面虽然让人极其厌恶、不适，但是它们却撩动着人们的好奇心与窥探欲。它们吸引眼球也就意味着有利可图，从而使得逐利之人看到了商机。

除了那些刻意策划的挑战人们底线的事情外，媒体上也有很多新闻是将一些略偏离正轨的事情夸大其词、放大不正义的要素以吸引眼球、博取点击率。

曾合作演唱北京奥运会主题曲《我和你》的刘欢与莎拉·布莱曼在网络上被爆出负面新闻，好事的记者将题目定为《传刘欢与莎拉·布莱曼交恶两人拒绝同台》。但是读者点开新闻一看。才发现所谓的交恶只不过是指两人无缘合作而已。

新闻中写道，布莱曼来中国演出时曾几次向刘欢发出过合作的邀请，但不是遇上刘欢身体不适，就是刘欢档期排不开，布莱曼在安徽卫视蛇年春晚的演出确定不与刘欢合作。这么正常的事愣是在记者的蓄意歪曲之下变成了负面新闻。可笑的是。类似的新闻在网络上比比皆是，很多中性的事件都被网络媒体记者挖空心思地加上了贬义的、夸张的修饰语。

在他们看来，如果不这么做，他们的新闻很可能会石沉大海，他们自己也会因创造不了效益而面临被边缘化甚至丢饭碗的风险。

如果说我们对于某些记者的断章取义、夸大其词已经见怪不怪的话，那么一些热衷于在报道新闻时虚张声势、标题暧昧、题文不符的记者却实在可气。

譬如一篇题为《怀疑作弊老师将学生推下楼死亡》的新闻引发了网民新一轮对失德教师的谴责，但是实际内容是一名考试时被抓到作弊的学生在提前交卷后自杀身亡。由于家长怀疑监考教师批评学生时说了重话使得学生被"逼死"。于是新闻就摇身一变成了"老师将学生推下楼死亡"。

事实上，记者也采访了事发学校的一些学生。学生们认为那名性格温和的监考老师应该不会那么做。记者也提到该校的百度贴吧里有很多自称该校学生的网友质疑这条教师逼死学生的传言。即便如此，记者依然在标题中用肯定语气将传言表达了出来，制造出了耸人听闻的效果。由此可见，如此严重扭曲事实的标题绝非记者在信息不充分时产生的误解，而是刻意为之。

可以说，网络媒体的一个重要特征就是眼球经济。如何能够吸引眼球，带来更高的点击率，也就意味着更旺的人气、更高的利润。为了在新媒体时代立足，受到网络媒体猛烈冲击的传统媒体也必须使用吸引眼球的战术来拉拢消费者。"狗咬人不是新闻，人咬狗才是新闻"，这表明符合公众常识的行为不算新闻，而超越或挑战公众常识的才是新闻，才能吸引人的眼球。列夫·托尔斯泰在《安娜·卡列尼娜》中曾经说道："幸福的家庭都是相似的，而不幸的家庭有着各自的不幸。"关于幸福的判断也适用于正义。正义之事大多情节雷同，伸张正义的途径也基本上有章可循、有法可依。而不义之事则呈现出不同的丑态，冲击正义的方式也是五花八门，这就能极大地满足人们求新求异的猎奇心理。因而，个别媒体往往倾向于突出、强调那些更容易吸引眼球的负面新闻，他们甚至不惜断章取义或采用耸人听闻的标题来撰写新闻或评论，难免因此歪曲事实真相。美国的"罗德尼·金事件"便是一起典型的因为媒体的刻意裁剪而引发严重后果的案例。

　　罗德尼·金在假释期间违反禁酒令，而且在酒后超速驾驶。他在拒捕过程中与警察发生搏斗，体力处于劣势的警察动用了高压电警棍。但是，异常强壮的醉汉罗德尼·金被打倒后，竟然在转瞬之间就站了起来，并向其中一位警官扑了过去。情急之中，四名警官只得掏出警棍，没头没脑地打向罗德尼·金。罗德尼·金虽然被压倒在地，但依然不停地挣扎反抗。一直到警官们打下第 56 警棍（其中有 23 次打空了）之后，罗德尼·金才告饶说："求求你们了，别打了。"这一幕被一名业余摄影师给拍了下来。此人没有拍到罗德尼·金如何拒捕，只拍摄到罗德尼·金扑向警察而后被四名警察疯狂地用警棍殴打的镜头。之后，这名业余摄影师将片子卖给洛杉矶的地方电视台，而地方电视台为了增强效果，又将片子前面的罗德尼·金猛扑向警察的片段剪掉了，只在新闻中播放了警察如何殴打黑人的画面。于是，醉汉拒捕竟然演变为白人警察无缘无故地殴打手无寸铁、善良无辜的黑人这种震惊全球的践踏人权事件。在该案的审判中，陪审团裁决警察无罪。引发了黑人大暴动，造成 50 多人丧生，财产损失约 10 亿美元。

　　媒体在这起事件中扮演了极其重要的角色，他们之所以剪掉了罗德尼·金对警察形成威胁的镜头，就是因为警察对拒捕的嫌疑犯施法过当并不算新闻，但是警察无缘无故殴打黑人就会非常有卖点。媒体的这种做法为自身获取了极大的利益，但却容易蒙蔽事情的真相，乃至于给社会造成破坏。有时候，舆论无形的杀伤力甚至比钢铁制造的炮弹还要强。

总之，我们欣赏基于谨慎的调查并勇于揭露问题的媒体，唾弃为吸引眼球而不负责任地刻意制造问题的媒体。

魔力悄悄话

当媒体惯于将正常的事情加工得不正常，当惊人内幕、败类、反目、交恶等让人震惊、压抑的词汇被不切实际地大量使用时，人们得多么冷静与理性才能避免被这些负面信息冲击？谎言重复千遍就成了真理，淹没在这些负面新闻中的人们会不知不觉中以充满敌意的心态看待世界，仇富、仇官情绪或受害者心理多半也因此而生。

审丑与赏恶

一名患者因为不满医生的治疗建议，误以为医生不给自己看病，竟持刀砍杀医生，造成了一死三伤的恶劣后果。然而这样的极端事件被曝光后，居然有不少人为之叫好。腾讯网报道了这则新闻，在6000多位点击新闻的网友中，竟有65%的人在网站设置的"读完这篇文章后，您心情如何"的投票中选择了"高兴"，而选择"愤怒""难过"和"同情"的网友则人数寥寥。

网友的叫好不乏医患矛盾的因素，但其中也有阴暗的对于不正义的观赏心理在作祟。医患矛盾固然存在，群众的愤怒也应该只是针对无德的医生。而此次事件中受害的却是一个并未给当事人诊治的实习医生，网友对于这种非理性的极端做法居然进行声援，这不能不让人反思：这仅仅是医患冲突所能解释的吗？恐怕在这些抵制无德医生的叫好声中，掺杂着对于暴力的审丑、赏恶的奸笑声。审丑、赏恶如果只是作为一种发泄情绪、释放压力的方式，那倒也无妨。但是现在的不少审丑、赏恶只顾感官的刺激，无视人应有的对于他人与社会的责任，竟然居心叵测地为不正义事件叫好，或者直接为不正义行为推波助澜。譬如，一名女大学生因感情挫折坐在五楼窗户上欲跳楼轻生，结果引来了不少人拍照、围观。围观者质疑其作秀，冷漠地高喊："跳啊，快跳啊！"最后，原本犹豫的女子纵身跳了下去，头部与脸部受了伤，幸好并无生命危险。围观起哄者的阴暗心理与丑恶嘴脸由此可见一斑。

审丑、赏恶并非偶然现象，这是当代社会的浮躁与压抑造成的结果。在物欲泛滥的现代社会，人们在各种诱惑面前变得浮躁、迷惘，丢失了精神家园。人不仅被物所俘虏，人与人之间的激烈竞争也造成了压抑的心理氛围。人在焦虑与茫然之中渴望找到发泄情绪、逃避现实的渠道，不少人采取了玩赏他人的滑稽乃至痛苦的方式。无论是他人施加不正义时的龌龊，还是他人遭受不正义时的煎熬，抑或是他人鞭挞不正义时的以恶治恶。这些都可能为焦虑中的人们提供释放情绪的突破口。

其实，不少人的这种赏恶趣味是拜媒体所赐。当媒体为了搏出位夸大丑恶时，长期浸润其中的人们也会习惯于看世界时带有敌对情绪。报道积极事件的正面新闻不仅不够有趣，而且还可能因为被读者感觉"假"而受到鄙夷。既然正面报道如此吃力不讨好，那么这更为媒体的刻意制造负面新闻提供了借口。其实这也是一个恶性循环的过程，负面新闻越多，人们的赏恶也就变得更加合情合理，而为了迎合人们的赏恶心理，媒体又会报道更多的负面新闻。只不过很多人没有意识到，这些负面新闻有些真的是在揭露问题、打击罪恶，有些则是为了做出有卖点的新闻而蓄意制造了问题。

魔力悄悄话

大众娱乐的膨胀使得人们对于"假恶丑"的容忍度越来越大，审丑、赏恶不仅不会遭受鄙夷，反而成为一种流行趋势。在全民娱乐、一切皆可娱的大背景下，纯粹的"真善美"显得单调、孤傲，"假恶丑"却显得好玩、刺激。某些迎合受众需要的媒体自然不会依然走传统路线，而是急不可耐地凸显"假恶丑"，以供人赏玩。

浮浅的满足感

曲调不优美、舞蹈够雷人，主角的外表也让人很难将其与明星联系起来。然而，《江南 style》竟然红遍了全球，就像是歌迷集体患上了重感冒，让不少人感到匪夷所思。观察敏锐的人一语道破天机：看别人那么"二"，我们才能有幸福感。当然了，《江南 style》即便不登大雅之堂，但也不至于上升到不正义的高度。不过它赤裸裸地说明了一个现象，那就是以它为代表的粗俗文化之所以受到人们的青睐，就是因为它们能够让人们获得浮浅的满足感。不正义所能给予观赏者的满足感就是：看别人那么惨，我们才会觉得我们平凡的生活其实很有滋有味。也就是说，我们人性中存在的自私因素使我们更愿意关注负面的新闻和评论，因为他人的不幸会增强我们的幸福感，而他人的幸福会使我们嫉妒、不安。为了迎合读者的这种偏好，媒体自然更愿意渲染不幸，而不幸的背后总少不了不正义的身影。

不仅如此，不正义作为一种恶具有天然的吸引力，会极大地激发人们的好奇心和想象力。人们可以通过把玩不正义来满足感官的刺激，得到虚假的充实感。席勒在《审美教育书简》中谈道："令人不愉快的情感激动却具有更大的魅力……令人悲伤、令人恐惧、令人战栗的东西本身就带有不可抗拒的魔力吸引着我们，而悲惨、恐怖的东西一出现，我们也以同样的力量推开自己，却又矛盾地被吸引，这是一种我们自然本性中的最普遍的现象。"

在网络上，各种"毁三观""掉节操"的信息争相涌现，它们甚至备受网友青睐。"三观不正""节操碎裂"等明显含有贬义的词汇在网络用法中却频繁地被当作中性词使用，甚至这已经成为一些崇尚非主流文化的人群的生活态度。当人们习惯于媒体各种夸大不正义的宣传方式，人们的思维方式也不知不觉中变得喜欢对正常的事情进行戏谑与挑逗，通过对正常事件进行不正义的想象与诠释，而后再进行讽刺、挖苦，从而获得自身的优越感与满足感。

魔力悄悄话

"三观不正"的思维方式在越来越多的网络评论中显现出来。例如，某位副市长骑自行车送女儿上学一事被网友曝光后，一些人对于他的清廉给予了肯定与表扬；另一些人则阴阳怪气地泼冷水："原来他是民主党派的，不是党员，难怪要骑自行车送女儿上学呢（暗指无实权，所以无公车可腐败）"；更有一些人怀疑该副市长的人品："确定是女儿不是孙女吗？那么小，是几房生的啊？"

慧眼看喧嚣

网络媒体上一窝蜂地不正义压倒正义的报道，不仅影响人们看问题的方式，而且会使人做出错误的价值判断，并影响人的行动准则。在各种不正义新闻的轰炸之下，很多人的世界观、人生观被歪曲，他们变得悲观，以为世界处处有不公，人生时时有陷阱。这就极大地影响了人们对正义的信念，他们会认为如果不明哲保身或不同流合污，就不足以在这个"不义当道、正义遁身"的社会保全自己。此外，不正义在媒体上的喧嚣也会孕育公众的受害者心理，公众会认为自己总是在遭受不公正对待。既然难以逃避不正义的侵害，那就不妨破罐子破摔，以不正义对抗不正义，或许自己还不至于吃亏。正是源于人们这种对世界的扭曲认识，个体才会更倾向于以消极的态度随波逐流，而不是积极地伸张正义，在捍卫自身权益的同时追求社会的清平。

当我们明了媒体为了吸引眼球而对新闻有着刻意的筛选之后，我们将不会再不加质疑地以新闻为依据来判断现实世界。即便网络上关于某些事件的讨论出现了一边倒的情形，我们也应当意识到那很可能是网友的从众心理与群体的极化作用在作祟。在群体中，个体为了避免自己显得另类而被他人排斥，于是倾向于赞同群体中多数人的观点。而且，由于媒体的多样性与社会的分隔，持同一观点的人很容易聚集起来，他们原本温和的观点在群体的互动中会容易变得鲜明、极端。因此，因为自身利益的驱使与社会心理机制的影响，媒体的报道与网络论坛的讨论会对不正义给予更多的关注，媒体与网友也会费尽心机地挖掘正常事件中的不正义因素。我们在理解他们的动机之后，可以越过媒体制造出来的纷杂乱象看到真实的社会——这个正义被赞赏、不义遭唾骂的正常社会。

除了对于媒体夸大不正义的负面影响进行消极的防卫外，我们还可以积极地干预媒体的报道策略。在媒体断章取义或夸大其词地进行报道时，我们不去点击那样的网页，不去购买那样的报刊，不去收看那样的节目。媒体在眼球吸引战术不能获取利益的情况下，会转而采用客观、公正、谨慎的新闻报道风格。这不仅是媒体的行业操守，还因为只有那样做，媒体才能够留住理智、成熟的消费者。试想有几个人愿意被媒体的不实新闻哄得团团转呢，即便我们上过几次当，被媒体当作逐利的工具愚弄过，谁愿意在了解一些新闻背后的龌龊之后依然相信那些乌烟瘴气的不实报道呢？

我们不仅可以用我们的鉴赏力为媒体打分，而且应该尽量利用各种机会对媒体进行监督，如举报不实的新闻报道、参与相关的听证会等。云南省委宣传部曾公开向社会征集 100 名媒体义务监督员，以借助社会力量加大对新闻媒体的监督力度，整治有偿新闻、虚假报道、低俗之风、不良广告等四大恶疾，打造负责任的新闻媒体，着力提高云南省新闻媒体的公信力、吸引力。虽然这种公权力主导的对媒体进行监督的方式颇有争议。但公开征召媒体义务监督员这一创意本身是可取的。它确实能够避免新闻报道的一些乱象，只不过处于萌芽状态的媒体监督员制度需要进一步的规范。

魔力悄悄话

若能建构针对媒体的有效奖惩机制，媒体在名誉的受损、罚款以及消费者的流失三重惩罚面前，自然会认识到客观、公正的报道对于媒体的价值。或许有一天，经由传媒描摹而成的世界会与真实世界越来越吻合，我们也就不会透过传媒只能看到一个被扭曲的世界。若人们看待世界的心态正了，又何愁正义会丢失呢？

第五章

拥有一颗正义的心

《韩诗外传》卷五:"耳不闻学,行无正义。"

正义,通常又可称公平、公正、正直、合理等。总的来说,仅从字面上看,正义一词泛指具有公正性、合理性的观点、行为以至事业、关系、制度等。从实质上看,正义是一种观念形态,是一定经济基础之上的上层建筑。

法学家会说:"是人权有保障,违法受追究。"经济学家会说:"是机会平等,分配有度。"伦理学家会说:"是关怀弱者,抚平矛盾。"对正义含义之解读,或许正如法学家博登海默所描述的,"正义有着一张普洛透斯似的脸,变幻极不相同的面貌。"不过,也正是人们在见证不同阐释,接受不同教训,领略不同体验之后,"正义"一词的轮廓,才真正变得立体、清晰。

气节与正义

坚持正义，在敌人或压力面前不屈服的品质。"朝闻道，夕死可矣"，揭示的是气节的源泉；"鞠躬尽瘁，死而后已"，归纳的是气节的拓展；"英雄生死路，却是壮游时"，抽象的是气节的升华。经过世代培育、弘扬、传承的气节和信念，是数千年来支撑中华民族生生不息、弱而复强、衰而复兴的灵魂和脊梁。

陶渊明是我国古代著名的山水田园诗人。早年，他曾做过官，后因无法忍受官吏的杂务，没多久便辞官回家，过上了他一心向往的田园生活。

可是，仅靠自耕自养，生活实在简陋不堪，家中又有老母妻小需要养活，因此，无奈的陶渊明又出来做官，担任轻轻松松的彭泽县令。当有朋友问陶渊明为什么又出来做官时，他竟说："我想暂时做做地方官，积攒点钱，留着等以后隐居时再用。"

陶渊明的性格就如同他山林田野的隐士生活一样，超尘脱俗，所以对那种阿谀奉承、溜须拍马的官场习气忍无可忍。

有一次，郡里的督邮前来彭泽县检查工作，县里的属吏跟陶渊明说："这是你的好机会，赶快收拾整齐去见督邮，说些好听的话，送些小礼，说不定可以高升。"

没想到，陶渊明非但不像其他下属官员一样恭恭敬敬地迎接，就连最起码地向督邮行礼他都不肯。督邮走后，陶渊明对下属说："我不愿为了五斗米就弯腰屈膝，小心翼翼地巴结奉承一个乡巴佬。这个彭泽县令，我不想当了。"

随后，陶渊明辞去了他的第四个官职——才做了不到九十天的彭泽县令，带着家眷归隐乡间，过起了简单、质朴和避世的生活，还在自己家门前种下五棵柳树，自诩"五柳先生"，作为自身隐逸志趣的象征，而那句经典的"不为五斗米折腰"也成为以后官员自醒的格言。

"时穷节乃现"，这是文天祥《正气歌》中的经典名言，也是对自己铮铮铁骨的最好诠释。一个人一旦具备了崇高的理想和坚定的气节，即使身处逆境也能够保持人格尊严。不为威胁利诱所动，陶渊明就是这样的人。

现今，我们生活在新社会，金钱的诱惑常常考验着每个人，在金钱面前，我们也要像陶渊明一样"不为五斗米折腰"，保持气节，不能丧失做人的基本道德。

文天祥是我国南宋时期著名的民族英雄。他从小在严父良师的教导督促下刻苦学习、博览群书，20岁时即考中状元，后入朝为官。

宦海沉浮十五年，文天祥一直为南宋朝廷披肝沥胆，每每遇事，都挺身而出。可恨朝中奸臣当道，他们极尽栽赃陷害之能事，当朝皇帝宋理宗不明真相，糊涂地罢免了文天祥的官职。文天祥很是失望，回归家乡。

南宋王朝的统治越来越黑暗，昏庸无能的统治者逐渐把国家带向了深渊。

公元1260年，蒙古的忽必烈继承汗位，公元1271年建国号元，忽必烈为元世祖。他集结大军南下，决心一举灭亡南宋。

在元军进犯之下，南宋局势严重恶化，各地相继失陷。恰在此时，宋理宗病死，年幼的恭帝继位。

谢太后看政局动荡，战势急迫，才下了一道诏书，令各地官民勤王救驾。各地官员却或是观望，或是降元，最终只有文天祥和张世杰二人响应。

文天祥看到宋朝大臣人人四散逃亡，以求自保，他既愤恨又痛心。他下定决心与元军抗战到底，誓死保卫大宋江山。文天祥立刻发布文告，招兵买马，组织武力抵抗。这期间，元军统帅伯颜挥师向南宋首都临安（今杭州）进发，攻势极为猛烈，早已无心战斗的宋军很快土崩瓦解。

文天祥率人马退守临安，同从鄞州前来增援的将领张世杰商量，向朝廷建议，集中兵力同元军决一死战。但右丞相陈宜中一心想投降，不顾文天祥的请命，向元军送上传国玉玺（xǐ）和降表。元军统帅伯颜传话，一定要让宋朝丞相陈宜中亲自前来议和。陈宜中害怕自己有去无回，不敢亲自前往元军大营，偷偷潜逃到南方去了。平日养尊处优的大官们，见元军人多势众，便个个收拾细软，乘夜色逃出了临安。此时，临安已经没有几位大臣能出谋献策、征战疆场了。谢太后只好任命文天祥为右丞相，前往元军兵营求和。

文天祥带着大臣吴坚、贾余庆等来到元军大营，不顾个人安危，与伯颜争辩不休，坚持双方平等谈判。伯颜不允，就叫吴坚、贾余庆等统统回去，扣留了文天祥。

公元 1279 年，伯颜率兵进驻临安，俘虏南宋皇帝、太后，押往北方。南宋宣告灭亡。

文天祥也被一同押往大都（今北京）。途中，文天祥不断寻找逃跑的机会。终于，在经过京口（今江苏镇江）时，乘元兵不备，文天祥得以脱身，逃往真州（今江苏仪征）。之后，文天祥又百折不挠、坚持不懈地组织军兵抗元，但最终还是不幸被俘。文天祥不愿受元军侮辱，曾多次自杀。元军众将轮番劝他投降，但他义正词严地声明誓死效忠大宋，连元世祖忽必烈以宰相之职诱惑，他都不为所动，所有人，包括元军上下都对文天祥宁死不屈的民族气节深感敬佩。

正义力——人间正道是沧桑

在押赴刑场的路上，披枷带锁的文天祥面不改色，神色安然，他问旁边的百姓："哪边是南方？"然后向南拜了几拜，从容就义，在场众人都为这宁死不屈的民族豪杰流下了热泪。

魔力悄悄话

"人生自古谁无死，留取丹心照汗青"是文天祥一生的写照。他的这种威武不屈、视死如归的民族气节和高尚情操，令其短暂的生命发出炫目的光芒，他是后人的表率。

正义之士，造福天下苍生

大禹治水是古老简单的故事，面对洪水泛滥，大禹的父亲采用"堵"的方法，失败了，被处死；大禹接过治水的重任，采用"疏"的办法，成功了。这里面对中华民族有一个非常伟大和重要的启示，就是"疏导"。

大禹当时治水成功与否是决定民族命运的大事，人们纪录大禹的故事就是记录这件真实和伟大的实践。可惜人们更多的是感激大禹的功劳，记住和学习更多的是"三过家门而不入"的感人事迹。其实，这事件对中华民族最最重要的启示是"疏导"的思想及其办法。

古时候，黄河经常泛滥成灾。在尧为帝王时，中原一带经常洪水泛滥，淹没庄稼和房屋，使百姓贫病交加、流离失所。尧四处求访治水的能人，后在众臣的推荐下，他启用夏后氏的首领鲧治理洪水。

鲧（gǔn）办事果断，但刚愎自用。他只知道水来土挡，造堤筑坝，堵截洪水，结果洪水依然没有治好。鲧治水用了9年时间，直到舜继承帝位，洪水也没退，反而泛滥得更加肆无忌惮。舜大怒，下令革去鲧的职务，将他流放到羽山，后来鲧就死在那里，再没有回来。

舜面对奔腾的洪水，同样束手无策。他征求大臣的意见。看谁能治退洪水，大臣们说："非禹莫属，虽然他是鲧的儿子，但德行修养大不相同，禹做事认真，为人谦逊。俭朴善良，而且智慧超常。"舜当即决定派禹去治理泛滥的洪水。

禹身负治水重任，父亲的死又给了他很大压力，因此，他下决心，一定要平复水患，拯救万民，完成父亲留下的事业。

禹不敢怠慢，他决定用疏导的方法将黄河水引走。当时，禹刚刚新婚，但他毅然离别妻子，带着契、后稷等一批助手，跋山涉水，风餐露宿，走遍了中原大地的山山水水，穷乡僻壤。

禹常常手拿准绳和规矩，小心谨慎地各处测量、勘探，同时他发动各地群众一起施工，每当水利工程开始的时候，禹都在和人民一同运石伐木，开河挖渠。这项浩大的治水工程在风霜雨雪中缓慢而艰难地进行着。

一天，禹正带人由甘肃积石山一路疏通黄河河道而下，走到黄河中游（今山西河津和陕西韩城交界地），有一座大山挡住了黄河的去路。禹看到黄河水疏通不畅，水位逐渐升高，就立即叫人将大山劈开一个豁口，黄河水立刻奔泻而出，至此畅通无阻，禹即将此处命名为龙门。后世人为追念禹，把龙门又称作禹门口。另外，还有一处大山，禹在那里凿了三道门，把它们称为神门、鬼门、人门，这也就是今天著名的三门峡。禹的足迹可以说踏遍了黄河两岸，所到之处皆令水流畅通。无所阻碍，黄河水终于被制服了。

禹前后共花了13年时间治理黄河，他人累瘦了，指甲磨秃了，脚底生了脚垫。

其间，他曾"三过家门而不入"。一天，禹治水经过自家门前，听到妻子涂山氏生的儿子启正啼哭不止，可他没进去看一眼，狠了狠心，又奔向被水淹没的河滩。

禹的使命顺利完成。舜看到昔日淹没的山陵露出了伟岸的轮廓，荒弃的农田变成丰满的粮仓，百姓也都重建屋舍，过上了幸福生活，激动万分。他召见禹，让禹谈治水之道，禹却谦逊地说："这不是我一个人的功劳，我只是采纳众人良好的建议而已。"舜大喜，他知道自己拥有了一个不可多得的贤才，于是便把部落首领的位置禅让给禹。

禹治理洪水、为民造福，以及他个人高尚的品质、质朴的作风，博得了世人的尊敬和爱戴；同时，这种无私奉献的美德，更滋润着中华大地世世代代的炎黄子孙。

如今，淮河、长江每逢夏天连降暴雨，便会泛滥成灾，威胁两岸人民的生命财产安全，防洪抗洪依然任重道远。在历次抗洪斗争中，我们的人民子弟兵都是冲锋在前、全力以赴。其间涌现了无数可歌可泣的英雄事迹，他们是时代的骄傲，是我们的典范。

春秋时期，齐国大夫崔杼杀死齐庄公后立即拥立庄公的异母弟姜杵臼继位，即齐景公。

齐景公刚即位，就任用崔杼为右相，此时的齐国，朝政混乱，君臣昏庸，奢侈无度，贵族剥削残酷，百姓生活痛苦不堪。

后来，历任灵、庄、景三朝、前后执政五十多年的晏婴被任为正卿，他为人正直，以勤俭力行、谦恭下士、关心民事而著称。担任齐景公正卿后，晏婴经常在齐景公身边竭力劝谏，使豪奢极欲的齐景公稍微有了些收敛。

有一年冬天，天气非常寒冷，鹅毛般的大雪铺天盖地接连下了三天三夜。早晨，齐景公身穿裘皮大衣站立在窗前，望着窗外皑皑白雪，他禁不住高兴地对身边的晏婴说："今年的天气真奇怪，下了这么长时间的大雪，还一点也不觉得冷，倒有点春江水暖的样子。这银白色的景致实在美极了，要是再多下上几天，那该有多好啊！这么一来，就可以多欣赏几天好景致了。"

听了齐景公的话，晏婴若有所思，过了好一会儿，他终于开口说道："冬天的景致确实很美，但对很多人来说却是一种再残酷不过的景致。在这种天气里，景公您之所以不感到寒冷，是因为您身上穿着温暖舒适的裘皮大衣，室内又有熊熊燃烧的炉火。我经常听人家说，贤明的君主，在吃饭的时候总会想到自己的子民中是不是还有人在挨饿。穿暖和衣服的时候，总会想到自己的子民中是不是还有人在受冻。这才能做到设身处地为民着想。"

齐景公听了晏婴的话，一下子面红耳赤、不好意思起来，从此，他再也不在晏婴面前赞赏冬天的景致了。

魔力悄悄话

在当今社会，人与人之间缺少的就是设身处地为他人着想这一品质，人们太习惯于自以为是、太喜欢把自己的意志强加给别人。如果为官者都能设身处地为民着想，大家也就会生活得更加融洽和舒心，我们的社会也一定会更加稳定。

正义之士，不贪奢华

司马光是北宋时期著名的政治家，他一生高官厚禄，地位显赫，却清廉自守，从不贪奢。当许多王公大臣们在京城里盖豪华的深宅大院时，司马光却在　个偏僻的陋巷里深居简山。

有一年冬天，一位客人前来拜访，竟然发现司马光的客厅里连个火炉都没有。客人冻得浑身发抖，司马光忙叫仆人端来一碗姜汤，客人喝完后才稍为暖和了一些。后来，司马光为了解决过冬时的寒冷问题，便想出了一个挖地窖的办法。因为地窖里冬暖夏凉，所以冬天他就在地窖里工作和接待客人。因为这件事，京城里就有了"皇家钻天，司马入地"的谚语，意思是说，皇帝和王公大臣的宅第越盖越高，可司马光的房子是往地下打窖越挖越深。这一谚语是对司马光俭朴生活的真实写照。

司马光的妻子因病亡故时，他连埋葬费也拿不出来，只得把三顷薄田都典出去，才换回钱来把妻子的后事办妥。司马光的俸禄和赏赐每年得到不少，但大部分都用来周济了衣食无着的贫苦人。其中，有个本乡人庞籍中年病故，留下孤儿寡母，很难维持生活。司马光见此情景，就将庞籍亲属接来同住，视为一家人。他每年还要拿出许多银钱去救济穷人。正因为这样，他常常入不敷出，致使家中囷无余粮，库无存银，一遇紧急用钱之时，也就只能典卖土地救急了。

司马光以仁为本，主张宽待百姓，尤其要宽待农民。他认为农民是国家的基础，无民即无国。因此，他一再反对朝廷增加农民的田赋徭役负担，主张轻徭薄赋，让老百姓也富裕起来。

司马光目睹那些王公贵族终日挥霍无度，声色犬马，而百姓却入不敷出，温饱都成了问题，不禁痛心疾首。有一年，许多州县发生灾荒，庄稼收成减半，百姓受饥挨饿，甚至卖儿卖女，而朝廷上下却仍然过着歌舞升平的生活。司马光敏锐地察觉了这一不正常现象，民以食为天，没有粮食的饥民随时可能暴动，他坚决要求朝廷罢赐罢宴，拿出钱粮，赈救灾民。

又过了些时候，宋仁宗将大批金银珠宝、丝绸绢帛赏赐各位大臣。众大臣看到眼花缭乱的宝物，都乐不可支。独有司马光并没有为之所动，他劝谏皇上应节省开支、舒缓民力，他还把所得的赏赐之物全部交给谏院，以充公用。由于司马光能够清廉自守，所以名震四野，受到了广大群众的爱戴。史载，他69岁重任宰相时，京城里欢迎他的人在街上围得人山人海，他被后人誉为"真宰相"。

清正廉洁是为官者必备的美德之一，只有清廉才能受到人们的爱戴，成就千古美名。为官者如此，为民者亦复如此。有两句诗写得好："天地万物各有主，一丝一毫莫乱取。"君子爱财，取之有道，如果靠贪污受贿，走不正之道获取，迟早会遭到法律的制裁。我们应该尽早养成清正节俭的美德，保持高洁的品格，不贪不奢，给社会带来一身清风正气。

于谦，字廷益，明朝时钱塘（今浙江省杭州市）人。于谦自幼喜爱读书，少年时代就胸怀大志。永乐十九年（公元1421年）中进士，1428年任御史巡按江西。他为官清廉，绝不受贿，而且严惩贪污、平反冤狱，深得民心。

于谦身居官位，但他特别注意自己为官的节操，一直兢兢业业，廉洁守法。他爱国忘身，十分勤俭节约，所居之屋仅蔽风雨，家无余资。明景帝见他穷困，曾赐予宅第，于谦固辞不受，说："朝廷多事之秋，非臣子安居之日。"他为人耿直，自己不受贿，也绝不向别人行贿。

当时，大明朝廷内部政治腐败，大小官吏们贪污、贿赂成风。其中有一个叫王振的宦官，长年侍奉在英宗皇帝身边，深受皇帝的宠信，便慢慢地骄横起来，在朝中作威作福，贪赃枉法，欺压忠良。于是在明朝廷众官员之间形成了一条不成文的规定，即各地官员要进京办事，都必须先晋见宦官王振，给他献上丰厚大礼；如果不拜见王振或没有见面礼，那么所办之事就必定不会一帆风顺，有的甚至会受到百般刁难，官爵更是难以晋升。但于谦对此却不以为然。

有一年，在地方担任巡抚的于谦要去京城办点事，临行前，身边一些朋友就劝告他，进京时不妨带一些当地线香、绢帕之类的土特产，先去拜见王振，再由他引荐，诸事都会顺利一些。可于谦却对大伙说："作为封疆大吏，我怎么可以如此行事，我不信没有王振我什么事都办不成。"众人摇头叹息，深为于谦担忧。

于谦看看忧心忡忡的众人，口头吟出一首《入京》诗：

绢帕蘑菇与线香，本资民用反为殃。
清风两袖朝天去，免得闾阎话短长。

意思是他什么都不带，只带两袖清风入朝见天子，这样，才能消除百姓不满，不会戳脊梁骨痛骂。

魔力悄悄话

此事被传为佳话，"两袖清风"也因此成为官员廉洁的代名词，朝中的忠臣贤士都以"两袖清风"劝勉自己忠于职守，廉洁清白。于谦为官清廉，不随波逐流的品行至今为人称道，对后世有着强大的影响力。伟大的爱国诗人屈原在《渔父》中写道："举世皆浊我独清"，此言概括于谦品行可谓恰如其分。而今，王振等等宦官早已化成尘土，于谦却名垂千古，其廉洁精神永在。

呼唤你的正义感

孔繁森，山东聊城人，党的好干部，新时期优秀共产党员的代表。

1979 年，时任地委宣传部副部长的孔繁森响应国家号召，主动报名加入了支援西藏建设的队伍，并请人写了"是七尺男儿生能舍己，做千秋鬼雄死不还乡"的条幅。到了西藏，他又写下了"青山处处埋忠骨，一腔热血洒高原"，以此作为人生座右铭。

当地党委考虑到孔繁森年轻能干，在征求了他本人的意见后，就派他到海拔更高的岗巴县任县委副书记，一任就是三年。这期间，孔繁森跑遍了全县的乡村、牧区，和当地群众一起收割、打场、干农活、修水利，访贫问苦。

1981 年，孔繁森奉命调回山东，先后任莘县县委副书记、行署办公室副主任、地区林业局局长、聊城市行署副专员等职。

1988 年，孔繁森再次带队进藏，任拉萨市副市长，分管文教、卫生和民政工作，而家里则留下了年迈的母亲、三个未成年的孩子和体弱多病的妻子。

1992 年，拉萨市周围的几个县发生地震。在救灾活动中，孔繁森认识了三个父母被地震夺去了生命的孤儿。他将这三个孤儿接到家里，从此担负起了养育的责任。孔繁森的家境原本就不富裕，再加上每次下乡都要接济贫困的藏族群众，少则几百元，多则上千元，以至于经常不到半月，工资就所剩无几。

领养了三个孤儿后，他在经济上更加拮据。为了不让孩子跟着他受苦，他曾悄悄到西藏军区总医院要求献血。护士说他年纪已大，不适合献血，他就恳求护士说："我家里孩子多，负担重，急需用钱，请帮个忙吧！"护士见他如此恳切，只好同意他献血。1993年，孔繁森先后献血900毫升，共收取医院按规定付给的营养费900元，均用作了生活补贴。

1993年，妻子到西藏探亲，去时连路费都是自己筹借的。由于看病急用，妻子将自己返程的路费也用光了，只好开口向孔繁森要钱。孔繁森东挪西借，才勉强凑足了500元，而返程机票却是800元。妻子不忍心让丈夫为难，就自己找熟人借了一些。妻子到济南后，顺便去看望了在济南上大学的女儿，女儿一见面就对妈妈说："学校让交学杂费，我写信给爸爸，爸爸让我跟您要。"

妻子一听，眼泪马上就流了出来。自己身上连回聊城的车票都还不够，哪里还有钱给女儿交学费！

1994年11月29日，孔繁森一行在从新疆塔城考察返回阿里的途中，不幸发生车祸，孔繁森以身殉职，时年50岁。在他牺牲后。人们在他的遗体上找到的现金，只有八元六角，在场的每个人都禁不住流下了眼泪。

1995年4月29日，时任总书记的江泽民亲笔题词："向孔繁森同志学习。"时任国务院总理的李鹏也题词："学习孔繁森同志热爱人民、无私奉献的精神。"

一个人的价值有时候并不在于他留下了多少钱财，而在于他留下了什么样的精神。论钱财，孔繁森身后几乎可说是不名一文，但他留给我们的精神财富却是巨大而丰厚的。他光辉的事迹、高尚的道德风范将鼓励着我们勤奋学习，立志将来报效祖国和人民，实现人生的真正价值。

2001年4月，任长霞调任河南省登封市公安局局长，这不仅在登封市的历史上，就是在河南省的历史上，她也是第一个女公安局局长。

这个消息一下子在登封市炸开了锅。群众议论纷纷，担心女公安局长不能维护一方治安。公安局里的很多民警也对任长霞能不能胜任局长职务持怀疑态度。

上任第一天，任长霞就工作到深夜，亲自查访岗亭和派出所，了解治安和出警情况，并对三名不合格的治安员当场予以清退。接下来的一个星期，任长霞跑遍了登封市的 17 个乡镇区派出所，并在全市发放了1.5 万份征求意见表。她抽调二十余名民警成立"控申专案组"，规定每周六为局长接待群众日，积极倾听群众呼声，了解百姓民意，查找工作中存在的问题。对来访群众反映的问题，哪怕是一点小事，任长霞都要求查个水落石出。

2001 年 10 月，任长霞通过公开竞聘上岗的方式，在全局范围内选拔派出所所长，一批有才干的民警脱颖而出，成为骨干中坚力量。民警的工作热情空前高涨，"逢一必争，逢冠必夺"在登封市公安局蔚然成风。

随着时间的推进，在以任长霞为局长的登封市公安局党委的正确领导下，一些重大和遗留案件相继告破。"4·15"东金店强奸焚尸案两天时间告破了；2001 年 5 月 1 日，智擒"王松犯罪团伙"头目王松；2002年 3 月，一举端掉以李心建为首的 68 人"砍刀帮"涉黑犯罪团伙，为登封再除一个大毒瘤；民愤极大的两起遗留强奸杀人案"西岭区域内的连续强奸、抢劫、杀人案"和"两少女被奸杀案"也在 2001 年告破。

她办事严谨认真、一丝不苟，在一起杀人案件中，她第一时间到达现场。在分析过案情后，她把自己一个人关在案发的房子里与尸体待了整整一夜，终于从蛛丝马迹中找到线索，成功迅速地破获了案子。一起起案件的告破，百姓服了，民警们也服了。群众都说："咱登封来了个女神警，案发一起破一起。"和任长霞同样毕业于河南省郑州市人民警校的登封市公安局副局长岳建国动情地说："作为长霞的师兄，我由原来的不佩服到佩服，由佩服到敬佩。"

任长霞在老百姓中有着极好的口碑，几乎每个人都知道登封有一位实实在在给老百姓办事的任局长。他们常常聚在一起讲述见到任局长时的情形，念叨着任局长帮他们做的每一件实事：探望困难老乡、帮孩子建希望小学、把手机号留给乡亲们、替老百姓主持正义……

2004 年 4 月 14 日，任长霞遭遇车祸，因公殉职，年仅 40 岁。追悼会那天，登封市万人空巷，14 万多群众自发前来悼念，和他们心中的英雄道别，这在登封的历史上尚属首次。

魔力悄悄话

任长霞，这位在普通工作岗位上干出不平凡业绩的人民警察，用她自己的实际行动，实践了她"立警为公，执法为民"的人生誓言。她胸怀理想甘奉献，疾恶如仇驱邪恶，剑胆琴心解民忧。她始终牢记"人民公安为人民"的宗旨，时刻关心群众冷暖，为群众办实事、办好事，她以实际行动诠释了人民警察忠于党、忠于祖国、忠于人民、忠于法律的本色，她是天边一抹永恒的彩霞，永远照耀着后人。她的正义感、责任感和为人民服务的精神值得我们每个人学习。

第六章
正义要以看得见的方式实现

《史记·游侠列传》:"今游侠,其行虽不轨於正义,然其言必信,其行必果。"

正义是一种理想,每个人都有一种正义感,按照德沃金所说的,每个人都希望自己的正义感是优越于其他人的。其次,正义有着历史:正义观也有一个萌芽与发展的过程,每一代人都参与到正义观的塑造之中,这个塑造过程发生在我们以正义之名进行辩驳、宣告和做出政治主张的每一次行动之中。再次,根据德沃金正义在道德理想中最具有政治性,所以它提供了在诠释其他社会实践时的一个自然与为人熟悉的要素,对法律的诠释,通常诉诸正义,将之作为在诠释阶段所部署之本旨的一部分。因此,如果最佳的诠释是寻找实践之本旨的活动,那么当我们说对正义做出最佳诠释的时候,我们便遇到了困难,因为正义本身就是法律与政治实践所欲寻找的本旨。

正义看得见吗

春秋时期，吴王阖闾为了称霸诸侯，他到处招纳人才。他的一位大臣——伍子胥向他推荐了齐国的孙武。

吴王派人前往齐国将孙武请到了吴国。

吴王看了孙子撰写的《孙子兵法》后深为叹服，称这是一本奇书。便对孙子说："你的战略战术都很好，能不能演练一下让我看看？"孙子说："当然可以。"吴王又问："那能不能用女子来演练？"孙子答道："兵不分男女，当然可以。"

其实，吴王想把演练既当作对孙子兵法的检验，也当作一种娱乐活动。他亲自挑选了宫中的180名美女，交给孙子。孙子把她们分成两队，再遵照吴王的嘱咐，让他的两个宠妃当队长。

随后，孙子把这一群宫女编成队列，每十个人为一小队，先对她们进行了一番训话，然后才开始训练。孙子喊令，一人击鼓，队伍一队一队地出列。看见队伍七扭八歪的样子，宫女们都大笑不止，吴王也在台上笑得挺不起腰来。

孙子大喊一声："停下！"但袅娜娇滴惯了的宫女们根本安静不下来，有的笑弯了腰，有的揉着笑出眼泪的双眼。见此情景，孙子严厉地说："若再有人不听号令，当斩首。"受训的宫女们一听，马上止住了笑声。

传令又开始，鼓声又响。孙子喊着号令，一队队女兵出列，都能跟上号令。但那两个队长依仗着吴王的宠爱，依然嬉皮笑脸的，老是不听号令。

孙子正色道："听令。"但吴王的两个爱妃还是不听，并纵声大笑起来。

孙子一声喝令："来人！将这二人推出去给我斩了！"随后重新启用两名宫女做队长。

吴王一看要斩自己的两个爱妃，顿时大吃一惊，慌忙对孙子说："我已知道你会用兵了，请饶了她们俩。没了她俩，我会吃不香，睡不好。"

孙子说："大王在上，臣已接受大王命令，正像你所说：'治军之法，将在军中，君命有所不受。'"

吴王无话可说，只得眼睁睁地看着自己的两个爱妃被推出去斩了。宫女们见大王的爱妃都被斩了，没有再敢违抗军令的。这样，一下子个个成了训练有素的女兵。

孙子用兵，军令如铁，这使他在领兵打仗中获得了无数胜利。我们在平时的学习和工作中，也要严肃纪律，规范自己的行为，这样，才能学习更上一层楼，工作起来有条有理，获得优异的成果。"没有规矩，难成方圆"，这是亘古不变的真理。

春秋时期，卫国大夫石碏有个儿子名叫石厚。石厚经常与卫庄公宠妾生的儿子州吁在一起习武、玩耍，两人关系非常亲密。石碏再三告诫儿子不要和州吁在一起玩，这样玩下去早晚会惹出事端。但石厚固执己见，对父亲的话根本听不进去，全当作了耳边风。

后来，卫庄公因病去世，由卫桓公继任王位。卫桓公继位没有多久，石碏因年纪太大，便告老还乡，回老家养老去了，再也不问国家政事。

几年后，在石厚的唆使下，州吁同意合谋篡位，毒死了卫桓公，自己坐上了王位。他们的做法遭到了文武百官和老百姓的反对和斥责，州吁为此事惶恐不安，不知如何是好。这时，石厚又出了一个主意，说他父亲石碏在朝廷内外威望很高，很受文武百官的敬重，如能请他出来辅政，谁也不敢非议了。

州吁听了石厚的话非常赞同，便拿出一对白璧，派石厚带去赠送石碏，再请石碏到朝里辅佐朝事。石厚见到父亲石碏后，说明了情况。石碏推说年老多病，不愿回朝。石厚只得失望而归。

不久，州吁又命石厚来向石碏请教如何巩固王位，石碏说："诸侯继位，必须得到周天子的同意。周天子同意了，众人也就会绝对服从。"

石厚担心周天子不同意，要石碏帮助向周天子说情。石碏说："陈国的桓公与周天子关系很好，只有他才能说情，我与桓公也有点交情，你可陪新君到陈国去，请陈桓公在周天子那里说情，然后再去拜见周天子，这样就可能得到批准。"

州吁听石厚说明一切后，觉得是个好主意，就带上厚礼去陈国拜访桓公。

与此同时，石碏也给陈国大夫子眠写了一封密信，要他为卫国臣民除害，斩了州吁和石厚。州吁和石厚到陈国时，子眠已收到石碏的密信。经陈桓公点头，待州吁和石厚一到陈国，子眠就派人把他俩带到太庙。

来到太庙，子眠忽然大声喝道："周天子有令：捉拿弑君乱国之贼！"两旁的武士一拥而上，将州吁和石厚捆绑了起来。

陈桓公想将两人马上斩首，但子眠认为石厚是石碏的儿子，杀他不太妥当，还是让卫国来处理这件事。石碏获知情况后，果断地说："州吁和石厚犯的都是死罪，并且州吁的罪过是石厚怂恿而成的。我不能因为私情而忘了大义。"随后，石碏派家臣前往陈国执法。

家臣到了陈国后，先斩了州吁，接着就杀了石厚。

魔力悄悄话

石碏大义灭亲的故事流传至今，他不徇私情，为了国家的长治久安，不惜除掉自己的儿子，这种大公无私的美德值得弘扬。人生之中难免会遇到与石碏类似的情况，当此之时，就应该像石碏那样，以天下为公，不徇私情。

坚守正直

　　晋文公开创了晋国霸业，但他对待任何事情、任何人都非常注重原则，是一位人人敬仰的明主。

　　有一年，晋文公下令攻打曹国，赢得胜利。为了报答恩人僖负羁，晋文公当着满朝大臣宣布："大小三军不得擅动僖负羁及其家人一草一木，否则，就问斩，决不留情。"众大臣们知道晋文公一向纪律严明，就个个对僖负羁一家礼让三分。

　　晋文公手下有两员大将——魏犨和颠颉，他们都在伐曹一战中立下大功，深得晋文公赏识，晋文公已给他们加官封赏。这两个人十分妒忌僖负羁，仗着自己劳苦功高，就偷偷地潜入僖负羁宅院内，跳上房屋，商量着想把僖负羁从房里捉出来杀了。可无巧不成书，他们所立足的房瓦由于年久失修，有些松动，突然坍塌，魏犨和颠颉二人跟着便翻到屋内。一根大梁压在魏犨胸口，幸亏颠颉安然无恙，他及时将魏犨救了出去，二人灰溜溜逃回居所。第二天，晋文公知道了这件事，大动肝火，他认为魏犨和颠颉身为大将，竟敢违背自己的号令，擅自行动，便准备下令押二人入狱，砍头问斩。

　　晋文公身边大臣赵衰觉得不妥，就对晋文公说："魏犨和颠颉二人在战场上立下了汗马功劳，而且又是二员猛将，骁勇善战，如果仅为这件事就杀这二人的头，实在太可惜了吧！更何况，他们刺杀僖负羁并未成功啊！"

　　晋文公一脸严肃，对赵衰说道："功是功，过是过，赏罚必须分明。"

　　赵衰不甘心，又问道："一定要问斩二人吗？"

晋文公非常遗憾地回答："先前二人立功我已封赏，现在二人犯错必定要惩罚，何况魏犨看来已经残废了，就杀了他吧！"

赵衰略加思索，对晋文公道："让我先去看看吧，如果魏犨没有残废，那就让他戴罪立功吧！"

晋文公点头应允，随后下令捉拿颠颉杀头问罪。

魏犨正在府中休养，心里一直惶恐不安，怕晋文公怪罪下来。此时听说大臣赵衰来看他，立即强忍痛楚，起床下地，装着没什么大碍的样子出门迎接赵衰。赵衰仔细打量一番，问他感觉如何，有没有什么地方不妥。魏犨怕赵衰看出端倪，便一口咬定说是没什么，并且为了不使赵衰怀疑，就施展拳脚、上蹿下跳，赵衰见他确实没事，就回去禀报晋文公。

晋文公得知魏犨并未残废，对赵衰说："他没残废是万幸，我答应不杀他的头，但是他犯法却不能不办。"于是，晋文公下令革去魏犨的军职，让他戴罪立功。上下三军领教到晋文公军令如山，再也没有一个人敢擅自作主有所行动了，同时，对晋文公赏罚分明、不徇私情的处事态度，众人也都钦佩不已。

赏罚分明是古之成大事者必备的美德。一个人只有赏罚分明，才能不徇私情，办事公正，才能赢得众人的尊敬。由此可见，赏罚分明不仅能起到整顿军纪的效果，而且是走向成功的奠基石。

赵奢是战国时期赵国的一位名将，他作战勇猛，善于用兵，多次为赵国立下战功。赵惠文王二十九年（公元前 270 年），秦国派大军进攻阏与，赵奢奉命率大军前去救援，大败秦军。赵惠文王论功行赏，封赵奢为马服君。

赵奢年轻时曾担任赵国征收田租的小官。在任职期间，他办事认真，公平严格，无论是官宦人家还是平民百姓，他都一视同仁，依法行事。

有一年，赵奢带人到平原君赵胜家去征收田租。赵胜是赵惠文王的弟弟，家有食客数千，声名远播、势力很大，是战国四公子之一（其他三位：楚国春申君、魏国信陵君、齐国孟尝君）。赵胜的管家见赵奢来收田租，仗势不缴，还纠集家丁聚众抗租。于是，赵奢根据当时的法令，接连惩办了平原君家的九个管家。

平原君赵胜得知赵奢惩办管家一事，恼羞成怒，立即下令逮捕了赵奢，并准备把他处死。

面对赵胜仗势欺人、公报私仇的行径，赵奢毫不畏惧。他义正词严地对赵胜说："您作为赵国的一个王公贵族，竟然纵容自己的管家不奉公守法，这样下去，国家财政就会空虚，国家就会因此衰弱。国家一旦衰弱了，必将遭到别的国家的侵犯，甚至有灭亡的危险。到那时，你也将保不住今日的荣华富贵，想交纳租税为国家尽力的机会更不会再有。像你这么有权有势的人，如果能带头奉公守法，遵守国家法令，做到上下公平公正，按国家规定交纳赋税，那么国家就会越来越强大。赵国强大了，你的荣华富贵也才能保持长久，而你作为赵国的贵公子，难道还会遭别人轻视吗？"

听了赵奢的一席话，赵胜深受感动，发自心底佩服他的胆识，立即把他放了，并极力向赵惠文王推荐，让赵奢掌管赵国赋税的征收，赵惠文王采纳了赵胜的建议。赵奢上任后，严格执法，始终做到合理公正。经过一段时期的努力后，赵国变得国库充实，百姓富裕。

这个故事告诉我们：国家的法令制度是一个国家富强和稳定的根本，只有每个公民都遵守它，以大局为重，以国家利益为重，才能使国家走向富强，我们的生活也才能安定。

汉文帝时，洛阳令名叫董宣，字少平，他以秉公执法、不留情面闻名于当地。

湖阳公主的苍头（奴仆）狗仗人势，常常横行霸道，强抢财物，欺压百姓。一天他为了抢夺一匹马，在青天白日杀死了卖主后扬长而去。

　　湖阳公主是光武帝的姐姐，因得帝宠，十分骄横，朝中官员对她都避让三分。董宣接手这种案子后，用手直捋胡须，面色严峻地思索了一番，他深知要捉这个苍头还要费些周折。他向府吏们下令："只要见那个杀人的苍头，马上抓捕归案。"人们不禁心里嘀咕："难道洛阳令连湖阳公主都敢于触犯吗？"

　　这天，苍头赶着马车，载湖阳公主去皇宫。董宣带着府吏拦住马车，下令捉拿苍头。湖阳公主掀开车帘，气势汹汹地说："董宣，你竟敢拦我的马车，抓我的家丁，好大的胆！"董宣进前给公主行了大礼，然后义正词严地说："公主，您已犯了三条过错，臣下尚未追查。"公主瞪着眼说："你倒是说来听听。"

　　董宣回答："公主，您身为皇上的姐姐，却藏匿杀人的凶手，是其一；这匹白马是你的恶奴杀人抢来的，您却据为己有，是其二；得知我们捉拿凶手，可您有意袒护，继续放任恶奴，是其三。"说完，董宣一指苍头，"这恶奴杀人理当偿命，来人，就地正法。"说着，挥刀向苍头砍去，刀起头落。此时，公主还未从历数她的三条罪状中缓过气来，就见苍头已死，她一下气得脸色铁青。于是，她脸上挂满泪水，直奔光武帝宫中。听了公主的一番诉说，光武帝果然大怒。他下令对董宣施以笞刑，当场用木棍打死。

　　董宣叩头说："陛下，请容我说一句再动刑。"

　　光武帝怒道："你还有什么话要说？"

　　董宣说："陛下圣德，中兴汉朝，却让公主的家奴杀人，陛下如何治天下呢？臣不愿受笞刑，情愿自杀。"说完以头撞柱，血流满面。

　　光武帝见董宣性情如此刚烈，吃了一惊，又仔细品味他的话，觉得很有道理，就让董宣向公主叩头谢罪了事。董宣却倔强地说："臣无罪可赔。"

　　这时一旁的湖阳公主不依不饶，向光武帝撒泼。

　　光武帝示意宦官们把董宣推倒，压着他的头，往地下按，但董宣脖子始终挺直，头颅高昂，不肯叩首。湖阳公主见此情景对光武帝说："你为布衣平民时，家里藏了罪犯，官吏都不敢上门搜捕，如今贵为天子，难道一个洛阳令都管不了吗？"

光武帝笑道："天子和平民不一样嘛。"他见董宣威武不屈，心生敬佩，当即宽赦了董宣，赐钱三十万，并下诏称他为"强项令"。一时间，强项令刚正不屈的故事传遍京城。

魔力悄悄话

不畏强权、秉公执法的美德令董宣获得了"强项令"的美名，他把法则放到极高的位置，用生命去守护的行为，也为后世做出了表率。面对法律，面对正义，我们就是应该像董宣一样不畏权贵、刚正不阿，捍卫法律，捍卫正义。

做一个正直的人

周亚夫是西汉时人，西汉开国元老周勃次子。汉文帝后元六年（公元前 158 年）周亚夫由河内太守迁职为镇守细柳营的将军。

当时，雄踞北方的匈奴人大举进犯汉朝边境，多次侵扰上郡、云中，都城长安受到了威胁，在这种万分紧急的关头，汉文帝采纳了众臣的建议，在临近长安的三个要地部署重兵、设置军营、守卫都城。这三个军事要地分别是灞上、棘门、细柳营，分别任命刘礼、徐厉、周亚夫为将军。

汉文帝为了鼓舞士气，决定亲自到各个军营巡访、慰劳士兵，好与将士们交流一下感情。于是他选择了一个风和日丽的好天气带着随从人员出发了。

汉文帝一行到达灞上营和棘门营的时候，人马直驰而入，毫无阻拦，镇守将军和属下将校早已在营门外恭候多时。他们见汉文帝一到，立刻大开营门，奏响鼓乐，将士们欢呼雀跃，热闹非凡。汉文帝在士兵们的热烈欢迎下，骑马飞奔到将士帐前，等汉文帝离开时，将士们又十分恭敬地送了很远的一段路程。

不久，汉文帝和随从们来到周亚夫统辖的细柳营，情景却大不相同。只见守营将士披挂铠甲，手拿锐利的兵器，张开弓弩，拉满弓弦，营门紧闭，完全是准备作战的样子，丝毫没有迎接皇帝的意思。

面对这种情景，汉文帝派先导先跑到军营喊道："天子就要到了！快打开营门。"

把守营门的战士说："军中只听将军的命令，不听天子的诏令。没有将军的命令，谁也不敢开门。"

最后汉文帝只得下旨，周亚夫这才命人打开营门，不过他仍要求汉文帝进营门要下马，军营内不能骑马快跑。汉文帝一行只得下马徒步缓行。

当他们走到将军帐前时，只见周亚夫身穿盔甲，威风凛凛地前来接驾。他见到皇帝时，只是手拿武器拱手作了揖，并没有下跪，说道："穿铠甲、戴头盔的将士不能跪拜，请允许我军礼参见皇上。"汉文帝见状并没有发怒，而是微笑着表示赞同，并向官兵致敬。

在细柳营，周亚夫陪同汉文帝巡视了各种军事设施和布兵之地，慰问了驻守各处的将士。

临走时，营中将士各安其位，也没有欢送汉文帝。

走出军门后，汉文帝的群臣都惊讶不已，议论纷纷。有的大臣认为，周亚夫太不把皇上放在眼里，是对皇上的大不敬。但是汉文帝说："不，恰恰相反。我认为周亚夫才是真正的将军。以前在灞上、棘门军营看到的军队如同儿戏，他们的将军本来可能遭受袭击而做了俘虏；周亚夫却不同，他的军营戒备森严，即使匈奴突然袭击，他也不可能被冒犯！"

不久，周亚夫以治军谨严有方，汉文帝予以嘉奖，并要求各营将士都要以周亚夫为榜样，严于治军。他还晋升周亚夫为负责守卫都城长安的最高军事长官。

很快，周亚夫统率汉朝大军，经过激烈战斗，把匈奴赶到了长城以外，西汉的政权得以巩固。

"富贵不能淫，贫贱不能移，威武不能屈。"这是孟子提出的做人准则。周亚夫面对皇威而不屈服，依然固守心中从严治军的信条，赢得了皇帝的敬重，更赢得了胜利。恪守纪律，重要的是一以贯之、持之以恒，毫不通融、毫不放松，如此才能走向成功、走向胜利。

桥玄是东汉时期一位著名的臣相，曾在汉灵帝时任尚书令，后来还被提拔为太尉。他为人正直善良，性格耿直，敢于和贪官污吏、盗贼劫匪作斗争，百姓都十分敬重他。

当时，常有盗贼以绑架的手段勒索钱财，许多人深受绑架勒索之苦，但往往忍气吞声，以钱财消灾，不敢与盗贼作对，使得绑架勒索之事经常发生。

一天，桥玄十岁的儿子正独自在家门前玩耍，忽然来了三个劫贼，趁无人注意时将孩子绑架了，然后向桥玄索要钱财，并威胁说如不照办，就杀了他的孩子。家人担心劫贼伤害孩子，希望桥玄不要把这事告知官府，花费些钱财把孩子索要回来算了。但桥玄不听，立即报告了官府。

当地守备阳球一直敬佩桥玄的胆识与为人，马上派兵前去包围了劫贼的住处。可是，桥玄的儿子此刻就在劫贼手中，阳球担心若贸然冲进屋去抓人，劫贼会狗急跳墙伤害孩子，甚至会做出无法预料的举动；但是，如果不赶紧下手，到了夜晚，劫贼有可能会乘夜色逃脱。怎么办才好呢？

阳球一时左右为难，不知如何是好。

正在这时，桥玄大声喝道："劫贼是众人的祸害，难道我今天就真的要为了自己的儿子而纵容众人的祸害吗？我不能遇到一点挫折、阻力，就停滞不前。"于是，桥玄再三催促阳球下令动手。士兵们被桥玄的深明大义所感动，阳球刚一下令，他们就个个奋不顾身地冲进屋内，活捉了三个作恶多端的劫贼。不幸的是桥玄的儿子已被劫贼杀害了。

人们都十分敬佩桥玄果敢坚毅、勇往直前的大无畏精神，对他深明大义的美德更是世代传颂。桥玄死后，没有留下什么遗产，葬礼也极其简单，却受到了世人的景仰。有一年，曹操经过桥玄的墓，十分恭敬地祭奠了他。蔡邕还为桥玄写了《太尉桥玄碑颂》，说他有"百折不挠，临大节而不可夺之风"。

桥玄深明大义，疾恶如仇，其意志极其坚强，面对丧子之危仍不屈服，始终保持高尚的节操。如果我们在生活中能像桥玄一样以大义为重、遇事百折不挠，困难就不会成为拦路虎，挫折、失败也击不垮我们，成功就会纷至沓来。

苏章是东汉顺帝时的一位名臣，因在朝中政绩卓著，所以就被派到冀州（今河北）担任刺史，巧的是，他的童年好友贾明正好在属他管辖的清河郡当太守。

苏章刚一到任，清河郡就有人控告贾明贪赃枉法，欺压百姓，无恶不作。苏章对此事难以相信，因为在他的记忆里，贾明和自己一样，从小就立下了报国安民的宏志，难道只有短短的几年时间，贾明就变得如此骄横无礼，目无国法与百姓？

由于案情严重，苏章毅然决定派属下前去清河调查。经过调查，状纸上所列贾明的罪状件件属实。苏章为老朋友的犯罪行为深表痛惜，经过思虑之后，他决定亲自去劝贾明自首归案。

苏章带着衙役前往清河。安顿下来后，苏章便在官邸设私宴宴请贾明，还兴致勃勃地谈论起童年时代的乐趣和友情。酒足饭饱之后，贾明乘着酒兴请求苏章对他多加包涵与照顾。

这时苏章收起笑容，很严肃认真地对贾明说："今天咱们是好友久别重逢，是私事；明天我就要作为冀州刺史来清查你的问题，那是公事。公事就得公办。我听说，这些年你贪赃枉法，聚敛了许多不义之财。如果你想争取宽大处理，那就趁早坦白自首吧！"

贾明这时傻眼了，他马上哀求说："看在好朋友的情分上，你还是放过我吧！"

苏章却不为所动，果断地回答："我是皇上派来专门惩治贪官污吏的。如果祖护了你，我下面的工作便难以开展了。如今贪污腐败之风盛行，如果对此放任自流，任其发展下去，那就会民怨沸腾，久而久之，百姓便可能揭竿起义。那时候，国家难以安定，你我和众百姓都难以幸存。况且，你这么做也是违背了咱们童年立下的志向啊！你还是应当坦白自首。这是我的忠告。你要知道，我苏章向来是依法办事的，绝不会为了庇护朋友去破坏朝廷王法。你还是回去好好考虑一下吧。"

贾明听了苏章的一席话，低头沉思了一会儿，便告辞了。第二天一大早，贾明来到刺史官邸，主动向苏章呈交了坦白书，退出了全部赃款赃物。苏章核实了贾明的罪证，如实上报朝廷，贾明受到了应有的处罚。

魔力悄悄话

不法分子是社会的毒瘤，执法者必须坚决地惩治；纵容罪犯无异于放虎归山，贻害无穷。苏章能够不徇私情，为执法者树了一面旗帜，他在无声地影响着后人。在当今时代，反腐倡廉工作如火如荼，也取得了可喜的成绩，如果我们每个人都能对身边的腐败毫不留情地批评指正，不包庇、不遮掩，我们的廉政建设将进行得更快、更好。

正直如山，刚正不阿

东汉末年，各路拥兵自重的军阀都想各自为政，一时间国内出现了混乱的局面。曹操把汉献帝迎到许昌后，担任起总理军国大事的丞相，"挟天子以令诸侯"。他亲自领兵东征西讨，目的就是为了把混乱的中国统一起来，成就霸业。

公元 198 年夏，曹操在统帅大军出征的路途中，看见沿途小麦长势较好，谷穗金灿灿的，十分喜人。然而令曹操不安的是，由于战争频繁，老百姓都逃亡在外，成熟的麦子无人收割。曹操稍做思考便传令全军说小麦已经到了收割季节，全军将士无论是谁都不许践踏麦田，损坏庄稼，违令者一律处以死刑。同时，他又派人通告沿途百姓不要害怕躲避，要抓紧时间把小麦收割回去。众百姓听了无不欢呼雀跃，连声称赞。

军队在曹操率领下有序前进，突然有个小校骑的马匹抵不过麦子的诱惑，把头一歪，就势啃了一口路旁地里的小麦，曹操命令立即处死小校。这件事引起了很大的轰动，从那以后，士兵在行军中每逢遇到麦田都跳下马来以手扶麦，有的人甚至笼住马头，小心翼翼地走路，没有人再敢糟蹋庄稼了。

想不到意外的事竟发生在曹操身上，曹操骑马正向前走，一群斑鸠从路旁的灌木丛中突然惊飞，曹操的马受惊后狂奔起来，窜进了一块麦田，无意间踏坏了许多小麦。

曹操的侍从忙把马拦住，惶恐地问丞相是否受惊。曹操没有歇息，却马上把军法官叫来，很认真地诉说了自己的罪过，并要求治罪。军法官不敢治他的罪，因而竭力为他开脱责任。

曹操见军法官不治他的罪，十分生气，并说自己违犯了军法就该处斩，因而拔出宝剑就要自刎。旁边的人手疾眼快，赶忙夺下宝剑。军士们全都跪在地上苦苦哀求他千万不可轻生，因为失去他，大家就没有带兵的统帅了。

然而曹操还是执意要治自己的罪，他从旁边的人手中夺过宝剑，唰的一声，割下了自己的一束头发，掷在地上，说是以发代首，割发代罪。全军将士看到丞相带头守法，都肃然起敬。于是，军中便没有人再敢违犯军法，军纪更加严明了。

法律面前人人平等，纪律面前也应如此。制定规矩后，制定者应该是遵守纪律的表率，而不能凌驾于纪律之上，使纪律仅仅成为约束别人的工具。就此而言，带头遵守纪律应该说是一种很重要的美德，体现着人的道德准绳和精神境界。

隋文帝杨坚虽然贵为皇帝，却仍把教育自己的孩子当作自己的职责，他常常教育他们要历行节约、勤政爱民。他还强调法律制度面前人人平等，王子犯法与庶民同罪。

在隋文帝所有孩子中，三皇子杨俊功高气傲，常常以结束南北朝长期分裂局面的功臣自居，无法无天，恣意妄为，无恶不作。他霸占别人良田，抢夺百姓妻女，逼得老百姓无处安身，只得流落异乡。

消息传到隋文帝耳中，他非常震怒。但他念及父子之情，没有惩办杨俊，而是拿他的几个手下人开刀，杀鸡给猴看，以儆效尤。杨俊不仅不思悔改，反而变本加厉，竟依照皇宫的规格来营造自己的王府，把天下许多奇珍异宝攫为己有，抢占良家女子以充内室，供他寻欢作乐，简直无法无天。

隋文帝看见杨俊如此奢侈腐化，忍无可忍了。他知道如果再放纵杨俊，就会使君臣效尤，风气败坏，国将不国。于是，隋文帝断然下令把杨俊软禁起来。

惩罚皇子一事在朝中引起很大震动。将军刘升以为这是隋文帝一时气愤，时间久了定会后悔，便想做个顺水人情。于是他上了一道奏折替王子求情，隋文帝没有批准。随后，刘升又进殿替杨俊求情，隋文帝不禁愤怒，拂袖而去。

过了几天，朝廷重臣杨素也来为杨俊求情。隋文帝强调说人情能容，国法却不容。杨素只好不作声了。

杨俊见此，知道父皇是真正动怒了，自己的死罪不能免，又急又怕，吃不下，睡不稳，很快就病倒了。他在病中亲自给父亲写了封认罪书，请求从轻发落。隋文帝让送认罪书的人传话说他这样做，就是为了让子孙后代以此为戒，不再胡作非为。杨俊知道自己死罪难逃，郁郁而终。

随后，隋文帝吩咐手下人要把杨俊的府第充公，奢侈华丽的装饰全部毁掉。

"王子犯法，与庶民同罪。"可历朝历代的能真正做到的人却少之又少。如果我们今天的每个人都能同隋文帝一样带头严格遵守法律，那么法制社会的昌盛将指日可待了。

唐太宗在位时，戴胄担任大理寺少卿一职。当时唐朝的法律《唐律》已经出炉，共500条，这为审案判刑提供了客观凭据。

戴胄任职期间，秉公办案，执法甚严。他以《唐律》为判刑依据，即便是皇帝的圣旨，如果与《唐律》不符，他也不予理睬，依然照律办案。

唐太宗曾经发布了一道圣旨，说凡是在科举考试中伪造出身和资历者，要立即坦白自首，否则判处死刑。

不久吏部查出有个已经金榜题名的举子，出身和资历都是伪造的。唐太宗知道这件事后勃然大怒，立即下令革去这名举子的功名和官职，将他投进大牢，交由大理寺审判，责成戴胄将这名举子判处死刑。

然而，戴胄在查明了犯罪的情由和事实后，却根据《唐律》的有关条款，把他流放到边关去了。

　　唐太宗得知此消息后十分恼火。他差人把戴胄叫进宫来，很生气地质问他为何要自作主张违抗自己的命令。

　　戴胄解释说他只是严格遵从《唐律》办事，害怕失职。唐太宗更加生气了，让戴胄重新判处举子死刑。

　　戴胄面对唐太宗的强大压力，丝毫没有退缩，他将《唐律》和皇上的命令做了鲜明的对比，在他看来，《唐律》是国家参照前朝法典，依据本朝实际，是集中众人的智慧，经过反复研究推敲制定出来的，而且是通过皇上批准才得以颁布实施的。而皇上的命令是凭一时情绪发布的，不如《唐律》那么客观。皇帝的小信用和国家的大信用比起来是微不足道的。

　　唐太宗听了戴胄的答辩之后，觉得言之有理，就不强逼戴胄改刑了，并对戴胄的做法表示了赞许。

魔力悄悄话

　　在一个法制社会里，法律是至高无上的，威权、人情都不能强加于法律之上。但是，拥有威权者往往不甘束缚于法律，囿于人情者往往希望法网网开一面，在这里，一个人品德、节操的高下廓然自现。生活在一个法制社会，我们应该学法、知法、用法，捍卫法律的尊严，维护国家的信用。

执法严明，一视同仁

北宋时期，有一位断案如神、公正廉明、铁面无私的好官，他就是包拯。

包拯，字希仁，庐州合肥（今安徽合肥市）人。仁宗天圣五年，28岁的包拯中了进士，从此踏上了仕途。他一生做过许多官，小到县令，大到枢密副使，无论身负何职，他都执法如山，正直无私，被民间百姓称为"包公""包青天"。

包拯所到之处，当地的百姓有冤案都会争相上诉，因为他们相信包拯会秉公执法，为民请命。实际上，包拯就是这样做的。对百姓，认真查处，不偏不倚；对权贵，敢于斗争，严惩贪官恶霸；对亲戚故旧，也不加偏袒。

那还是在庐州府做官的时候，百姓闻知"包青天"到任，便纷纷赶到衙门投递状纸。包拯翻阅诉状后发现，案上厚厚一叠状纸，都是状告自己的舅舅的。原来，包拯的一个舅舅依仗包拯在朝做官，便在庐州横行霸道，抢占民田，干尽违法之事。

包拯十分恼怒，叫来当地县令询问。县令见隐瞒不过，只能承认确有此事。包拯质问他道："那你为何不审，依法惩治？"县令吞吞吐吐地做了回答。原来，当地县令畏惧包拯的权力，不敢轻易审理有关包拯舅舅的案子。包拯心下顿时明白。于是，包拯决定亲自审理自己舅舅的案件。

几天后，包拯派捕快将舅舅缉拿归案。在家中，包拯之妻董氏深知丈夫一向秉公办案，可又担心人家说丈夫无情无义，因为他们的儿子包意一家在庐州全仗舅舅照顾，才衣食无忧，所以，董氏语重心长地劝包拯："舅舅待我们不薄，你一定得手下留情，免得让人觉得你六亲不认。"

包拯却不这样认为，他说："不能怪我包拯六亲不认、无情无义，舅舅在庐州称霸一方，百姓怨声载道，而我一向为官清廉，做官就是要为百姓做主，既然大家状告到我这儿，我就得管。舅舅仗着我在朝中做官，横行乡里，连县令也不敢过问，长此以往，他的气焰会更加嚣张，如果我都宽恕了他，不依法惩治，你想想看，这庐州会成什么样子。"一席话说得妻子哑口无言。

第二天，包拯升堂，亲自审理舅舅的案件。包拯的舅舅被带上堂，他以为外甥能袒护自己，没想到包拯却厉声喝问，并把百姓递上的状子摆在他眼前，又让衙役找来证人，当面对质。包拯的舅舅无话可说，只得认罪。同时，他恼羞成怒，气急败坏地大骂外甥不孝。

包拯大喝："你为非作歹，欺压百姓，还于公堂之上辱骂本官，本官罚你重杖五十大板。"说完令牌扔出，一顿啪啪的板子落下，吓得一帮恶霸乡绅再不敢为非作歹，至此庐州太平无事。

包拯不徇私情，为民谋利，千载之后，仍留有美名。一切大公无私的行为都是最难实现的，但它也是最高尚最令人钦佩的美德。如今的许多高干子弟仰仗父母之权势常常为非作歹，而许多父母却舐犊情深，纵容子女违法犯罪，岂不知这不是爱护他反而是害了他。从另一面讲，做子女的或高干的亲戚也应严格自律，养成守法意识。

海瑞是广东琼山（今海南）人，别名刚峰，他是明朝大臣。

嘉靖三十七年（公元 1558 年），海瑞在浙江淳安县做知县，他体察民情，革除弊政，十分清正廉洁。他爱民如子，对那些祸害百姓、以强凌弱的人，决不手软。他办案公正，一视同仁，决不放过一个漏网之鱼。

当时，浙江总督胡宗宪是明世宗时期权相严嵩的亲信，此人手握兵权，威镇东南，但他卖官鬻爵，欺压百姓，作恶多端。有其父必有其子，他的儿子也依仗权势，无恶不作。

胡公子曾在海瑞为县令时来到淳安，因为驿馆招待得不够周到，他就将驿吏倒吊起来用棍棒殴打。海瑞闻讯，十分愤慨，但因为这是顶头上司总督大人的儿子，不便直接抓捕。他心生一计，将胡公子作为假冒之徒抓进了县衙。在升堂审案的时候，海瑞一拍惊堂木，问他是谁？

胡公子如实地报上姓名，并且详细地说明了自己的身份。

海瑞听后佯装发怒，说他是冒充之徒，并将其责打四十大板，关进了牢房。

事后，海瑞将事情经过向胡宗宪做了详细报告。胡宗宪心里对海瑞恨得咬牙切齿，但因为是自己的儿子不争气，把柄落在了海瑞手里，所以表面上还夸奖海瑞办事认真，好说歹说把自己的儿子从淳安县的牢狱里接了出来。

海瑞一生刚直不阿，不畏权势，他严惩贪官，秉公执法。他的生活十分俭朴，其清苦之行为明朝第一，死后仅余葛帏旧衣，在同僚的捐助下才得以葬殓。他深得百姓拥戴，发丧之日，市民哭送，绵延百里，他被百姓呼为海青天。

历史上像包拯、海瑞这样的清官，他们都是爱惜民众、清正廉洁、秉公办事的典范。他们爱民众，民众更尊敬他们，其一世英名必将流芳百世。当今为官者如果都向海瑞看齐，则国家大幸，百姓欢呼，社会风气也会好转。

明太祖朱元璋建立明朝后，吸取了前朝灭亡的经验教训，制定了《大明律》，规定官吏贪赃80贯钱就要处死，禁止官吏在商业活动中牟取暴利，违者要严加惩处。

欧阳伦是朱元璋的三女婿，官为驸马都尉。他文武全才，十分干练，他向朱元璋建议了许多治理国家的好方法。开始时，他兢兢业业地为国效力，政绩不凡，朱元璋对他非常赏识，委以重任。"路遥知马力，日久见人心"，日子久了，欧阳伦便贪图起钱财了，他看到茶叶是由政府控制的物资，收税很重，致使市面上的茶价很高，贩卖私茶利润很可观，他开始利用自己的特殊身份干起走私茶叶的勾当。

欧阳伦是当朝驸马，地方官都对他的走私行为睁一只眼闭一只眼，无人敢管。有些不法之徒看到欧阳伦能如此这般地发财，也就赶紧走门子，托关系，行贿赂，与欧阳伦狼狈为奸，大摇大摆地干起了走私的勾当。这样，欧阳伦走私受贿、贪赃枉法，他倒是发了大财，可国家的税收锐减，而且还滋长了贪污走私、行贿受贿的不正之风，影响极坏。

朱元璋得知此事后雷霆大怒，立即派人把欧阳伦拿下，严加审问。此时，欧阳伦的妻了安庆公主急忙来求见父亲，她跪在地下声泪俱下地哀求父亲放过丈夫。

朱元璋面对女儿的苦苦哀求，毫不心软，在他看来，王子犯法，与民同罪，如果这次不按法律办事，就会损害法律的尊严；如果有法不依，那么社会上就会贪污走私成风，大明王朝也就会很快灭亡。

安庆公主见父亲的态度斩钉截铁，毫无回旋余地，只得作罢，痛哭而去。

过了几天，欧阳伦就被斩首示众。那些贪污行贿和走私之徒见此，个个胆战心惊，再不敢为非作歹。因此，官倒现象一下子销声匿迹，《大明律》也得以顺利推行。

公元 57 年，刘秀病逝，刘庄继位。这一年，刘庄 30 岁。

光武帝宽仁柔和，奉行以柔治国，因此在对待宗室、外戚、功臣等方面往往不求细察，很多时候装糊涂、和稀泥。法律对权贵来说已无威慑力可言，之所以没有出现大的乱子，只不过因为权贵们对刘秀讲情面。

光武帝一死，年轻的明帝继位。在一班皇亲国戚心目中，明帝当然没有其父那么大的面子。明帝再不通过法律对皇亲国戚严加约束，已经不行了。

明帝对身边每个官员严加监管，一旦发现有人犯了过错，无论是谁、什么级别，他都会立即当面训斥。手下官员不敢再疏忽大意，吏治渐渐严肃起来。

对于政务，明帝总是认真监督核查，避免漏洞，一旦发现问题，常常抡起棒子痛打出错的官吏。朝廷纲纪整肃，吏治谨严，国力日益增强。

魔力悄悄话

法律面前人人平等，朱元璋不徇私情，为了维护法律的权威，他杀女婿以警贪官，这种精神是难能可贵的。当今社会，法制还不健全，有些人企图钻法律的空子，还有一些人凭手中的特权，做知法犯法的勾当，严重损害了法律的尊严，是应该坚决打击的。

第七章

走在正义的路上

汉·桓谭《抑讦重赏疏》："屏羣小之曲说，述五经之正义。"

如果诠释理论要想成为一种成功的实践论辩理论，它就必须对正义的概念做出成功的诠释。幸福学认为，人们的最终追求是幸福，所以人类的最终追求是人类的和谐幸福，所以维护正义的根本目的也是为了人类的和谐幸福。

正义的力量

千百年来，女性身上似乎更多地积淀着柔顺和软弱，但抗日女英雄赵一曼身上所体现出的豪气、侠气与面对死亡的镇定之气，却是寻常男子也难以比拟的。

赵一曼，原名李坤泰，1905 年生于四川省宜宾白杨嘴村。她 1926 年加入中国共产党，1927 年赴苏联莫斯科中山大学学习，其间同陈达帮结婚。1928 年她独自回国，之后生下一个男孩，取名"宁儿"，她一直带着孩子在上海等地从事党的秘密工作。1931 年"九一八"事变后，赵一曼遵照党的指示到东北开展工作。临行前她抱着儿子坐在高背藤椅上照了张相，怀揣这张照片，赵一曼踏上了北去的征途……

到沈阳、哈尔滨等地后，赵一曼积极开展工人运动，并于 1935 年秋任抗日联军第 3 军第 1 师第 2 团政委。她带领战士们与敌人进行着激烈的战斗。

这年冬天，敌人进行了大规模搜山，想要消灭赵一曼带领的抗日游击队。激战开始后，赵一曼一马当先，带领战士们向前冲锋，勇敢作战。可战斗刚刚开始不久，赵一曼腿上就中了弹，右腿被打断，露出了骨头。由于失血过多，赵一曼一头栽倒在雪地上，失去知觉，落入敌手。

残暴的敌人妄想用毒刑使赵一曼屈服，要她讲出抗日联军的情况。敌人用细钢丝把她吊起来，拿皮鞭毒打。赵一曼身上被抽打得皮开肉绽，钢丝勒进肉里，鲜血从手臂上流下来。面对酷刑，赵一曼两眼怒视敌人，开口痛骂。疯狂的敌人便拿竹签朝她的手指钉进去。赵一曼却始终咬紧牙关，忍受住剧烈的疼痛，没有向敌人说出一个字。钉过两个竹签子，赵一曼就昏死过去了。敌人呆呆地看着手里的竹签子，无奈地说："这人简直是块钢铁！"但是敌人哪里会知道，我们的共产党员、抗日英雄赵一曼比钢铁还要硬！半年时间过去了，敌人对赵一曼心存的一丝幻想破灭，就决定对她下毒手。

1936 年 8 月 2 日，赵一曼被日伪军押上开往珠河的火车。赵一曼清楚地知道此行意味着什么，她神态安详，面带微笑，迎接这最后的时刻。

1936 年 8 月 4 日，赵一曼光荣牺牲，那年她只有 31 岁。

赵一曼是我们的英雄，她的坚强、她的倔强、她的勇气，都展现着巾帼英雄们令人震撼的伟大与美丽。和平年代的我们虽然不再需要面对酷刑，但却同样需要坚强，比如面对危局、面对诱惑、面对挫折……

我国著名的科学家钱学森，年轻时是美国研究航空科学的最高专家冯·卡门的优秀学生，是美国最早研究火箭的组织——加州理工学院火箭研究小组的五个成员之一。在美国时期，他的成就就十分显著，在冯·卡门的指导下，火箭研究获得了巨大成功，为反法西斯战争的胜利作出了重要贡献。理论上，著名的"卡门–钱公式"由冯·卡门提出命题，由钱学森最后完成，是至今仍在航空技术研究领域广泛运用的一个公式。

因为钱学森在航空科研领域的卓越才华，美国麻省理工学院于 1947 年聘他为终身教授。当时，钱学森刚满 36 岁，在美国定居，且被聘为终身教授，这是许多人梦寐以求的事；尤其是被聘为终身教授，这在美国是一个很高的荣誉，它预示着钱学森将拥有优厚的待遇和不可估量的远大前程。

然而，当钱学森得知中华人民共和国成立的消息后，顿时热血沸腾，狂喜不已。他想到的是："我是中国人，我的根在中国。我宁愿放弃美国的一切，也不愿放弃自己的祖国。我应该早日回到祖国去，用自己的全部力量为新中国的伟大建设作出贡献。"

钱学森不仅自己想到回国，还诚恳地对中国留学生说："祖国已经解放了，国家急需建设人才，我们要赶快把学到的知识用到祖国的建设中去。"

美国方面听说钱学森要返回中国，马上恐慌起来。他们敏感地意识到，一旦钱学森回到中国，他已具有的专业技术以及他还未发挥出来的智慧，将很快使中国的科学技术获得高速发展。一位美国海军领导人对负责出境的美国官员说："钱学森至少相当于五个师的兵力。我宁可把他枪毙了，也不让他离开美国。"

由于美国官方的重重阻挠，钱学森的回国计划一再落空。他甚至接到美国官方"文件"的通知，不准离开美国。此时，他的行李都已装上驳船，准备出水路运回祖国。但美国海关坚持说他的行李中，包括书籍和笔记本里，藏有重要机密，并因此诬蔑钱学森是"间谍"。

更让钱学森想不到的是，没过几天，他突然被逮捕起来，关押在一个海岛上的拘留所里，受到非人的折磨，夜里，钱学森屋子里的电灯每五分钟就开关一次，他们从精神上折磨着钱学森，妄想让他禁受不住而妥协。钱学森的遭遇被透露出去后，很快引起了加州理工学院有正义感的同事和学生的同情，在他们的强烈抗议下，美国特务机关被迫把钱学森释放了。但是。对钱学森的迫害并没就此停止，他们限制他的行为，监视和检查他的信件、电话等。尽管受到各种限制和刁难，钱学森的回国之心依然没有丝毫改变。一天，钱学森和妻子到餐馆吃饭，钱学森特意同特务们说话聊天，他们认为钱学森在他们视线内就不会有什么问题，但不知他的妻子已悄然把一封渴望回国的信寄出了美国。

五年时间很快就过去了，这期间钱学森争取回国的正义斗争得到了世界各国主持正义的人们的支持，更得到了中国政府的极大关怀。周恩来总理亲自过问他的情况，并指示参加中美两国大使级会谈的中国代表，在会谈中提出解决钱学森博士回国的问题。1955 年 8 月，这场外交斗争最终取得了胜利，美国政府被迫同意钱学森返回中国。到达北京的第二天清晨，钱学森就迫不及待地和妻子领着两个孩子来到了天安门广场。看着天安门广场上高高飘扬的五星红旗，钱学森激动地说："我相信我一定能回到祖国。现在，我终于回来了！"

　　遭受诸多挫折才冲破重重阻拦回到祖国的钱学森，很快就一头扎进军事科学的研究里。他倾其毕生的精力和才华，不断推出科研成果，为祖国的国防事业作出了巨大贡献，被誉为"导弹之父"。祖国也给了他最高的荣誉，授予他"国家杰出贡献科学家"的荣誉称号。

魔力悄悄话

　　1949 年新中国成立后，许多海外的华人科学家、艺术家和专家学者纷纷回到祖国，投身新中国的建设事业。其中钱学森可以说是他们的杰出代表。在祖国需要的时候，毅然放弃舒适的环境、优厚的待遇，投身国家的建设事业，这正是炎黄子孙的优秀品质。现在，我们的国家仍在需要大批的优秀人才，祖国呼唤留学海外的优秀人才回国，西部呼唤内地发达地区的优秀人才到那里。响应祖国的召唤，我们义不容辞。

你有一双正义的眼睛吗

明朝末年，社会动荡不安，国家内忧外患交困。荷兰侵略者趁机侵占中国台湾，四处勒索台湾民众，残酷镇压人民反抗。

满怀报国热忱的郑成功自少年时随父到台湾，便目睹了台湾人民的苦难；此时，他看到荷兰侵略者的种种暴行，心头立即燃起了报国复仇的火焰，他发誓一定要赶走侵略者，收复台湾。

就在郑成功修造船只、筹集粮草，准备渡海作战时，在荷兰军队里当过翻译的何廷斌找到郑成功，送给他一张台湾地图，并详细讲述了荷兰在中国台湾的军事部署，同时告知郑成功："你们的部队一到台湾，我们全台湾人民一定全力支持。"郑成功获悉这些可靠情报，更加坚定了收复台湾的信心与决心。

公元 1661 年 4 月的一天，阴霾密布，郑成功亲率 2.5 万将士，分乘三百多艘兵船，由金门越过台湾海峡，经澎湖岛，直捣台湾。

船队到达台湾鹿耳门港口，郑成功命令熟悉海势地形的何廷斌领航，趁涨潮的机会驶入港内，登上台湾岛。台湾数千百姓成群结队，前来迎接亲人，这极大地鼓舞了郑军士气。

随后，郑成功又一鼓作气顺利攻下赤崁城。荷兰军官看正面攻击不占上风，就想施计拖延。他们一面派人向郑成功求和，并以 10 万两白银利诱，另一面却悄悄地去爪哇搬救兵。

郑成功识破了敌人的伎俩，义正词严地说道："台湾自古以来就是我国的领土，如果你们不撤退，就别怪我们不客气了。"台湾城如同一座堡垒，建筑十分坚固，防守十分严密，各处均设有瞭望台，安着千斤大炮，易守难攻。但是，中国台湾是荷兰殖民主义者在台湾的统治中心，只要攻克台湾城，就意味着结束了荷兰在中国台湾的殖民统治，因此，郑成功下令强攻。郑军四面出击，可无论哪个角度都无法躲开敌人猛烈的火力，几次进攻均告失败，而且将士伤亡惨重，这令郑成功心急如焚。

郑军中有个叫萧拱辰的参军，他建议采用长期围困的战略，逼迫荷兰军队投降，郑成功欣然采纳，决计长期围困台湾城，直至城中几乎弹尽粮绝。在围困8个多月后，郑成功见时机成熟，决定转入全面进攻。郑军摆开28门巨炮，猛轰台湾城，炮弹在城堡上炸开，顷刻间瓦石乱飞，一片火海，荷兰军死亡极为惨重。荷兰总督揆一见大势已去，只好带着残兵败将，向郑成功脱帽行礼、递上降书，灰溜溜地离开了台湾。至此，被侵占38年之久的台湾，终于重新回到了祖国母亲的怀抱。

收复台湾后，郑成功积极发展各项生产，投资兴办教育，促进经济发展，使之日渐成为一个美丽富庶的宝岛。但他自己却终于积劳成疾，患病去世，终年仅39岁。

尽忠为国的英雄们为自己的民族贡献了他们的全部聪明才智，他们的人生规范里永远都只有一条原则——一切从国家利益、民族利益出发。今天，两岸统一，中国完全统一依然是国家的最高利益之一，我们同样需要以自己的聪明才智最终完成祖国统一大业。香港和澳门已经回归，相信通过各方面努力，台湾的回归也指日可待。

明朝末年，国内动荡不安，满族八旗军趁明朝国势衰危之际，大举进犯，他们一举攻破了山海关，长驱直入明朝的心脏——北京，并在那里建立了大清王朝。他们并不以此为满足，第二年，他们又占领了两淮地区，兵锋直指长江北岸。此时，明朝政权岌岌可危。由明王室后裔在南京建立的南明福王政权一直深得汉族人的尊崇。清军步步进逼，想一举推翻这一政权，在这危急的关头，兵部尚书大学士史可法挺身而出，立誓坚决抵御清军的入侵，保卫南明政权的稳固。

史可法主动请求到清军攻击目标的扬州指挥作战。到达扬州后，史可法对指挥不力、军心涣散的各部明军进行了整顿，建立了赏罚制度和各项纪律。他还特别用为国尽忠的正义之气激励士气和全城百姓，并且亲率部下防守扬州城最险要的地段，为全城军民做出了不畏强暴、勇敢顽强的榜样。也正是在史可法的感召下，扬州军民抗清的决心和热情高涨了。

1645 年 4 月 17 日，清军在豫亲王多铎的统率下逼近扬州城北，次日将扬州团团围住。多铎原本以为，扬州会很轻易地拿下，不料却遭到了猛烈的抵抗。

就在清军兵临扬州城下时，史可法的部将刘肇基曾请求带领一支人马冲出去决一死战。但史可法认为，清军来势猛烈，是万万不可轻敌的。于是，扬州军民就凭城固守，瞄准时机予敌痛击，使清军在扬州城下死伤惨重。

见此形势，多铎一面缩小对扬州城的包围圈，一面用箭向城中投射劝降书，还让投降的人站在城外高坡上向史可法威逼利诱，劝其降服。史可法见状怒不可遏，他命令将乱箭射向劝降的叛徒，使那叛徒抱头鼠窜。

这时，明军的总兵官李栖凤和监军高歧凤因为看到守城无望准备投降，史可法果断地表示了自己誓死与扬州共存亡的决心。

1645 年 4 月 19 日，史可法决定亲去扬州西门督战。临行前，他给自己的母亲和妻子写了诀别信，并且很郑重地认心腹部将史德威为义子，并让他代自己向母亲尽孝。一切安排就绪后，史可法就义无反顾地走上了战场。

4 月 25 日，清军发起对扬州的总攻。由于全城军民共同抗敌，致使清军死伤数千人。后来清军用火药轰倒了扬州城的西北角，从这个缺口冲进城来。史可法见大势已去，在向史德威告别后便欲拔刀自刎。可巧站在旁边的一个参将把他抱住，并与众军士簇拥着史可法准备突围。但不幸路遇清军，战败被俘。

史可法被俘后，多铎亲自审问他。多铎想引诱史可法投降。然而史可法断然拒绝，他在敌人面前再一次表示了与城共存亡的决心，表现出"头可断，身不可屈"的坚强意志。多铎见史可法立场坚定，绝不会投降，就命令将史可法在军前处斩，这位抗清英雄英勇就义。

魔力悄悄话

处顺势而豪气干云，固然可贵；处逆势而沉着坚定，更属难能。史可法处逆势而挺身赴火，宁死不屈，其果敢、意志和气节可歌可叹。他那坚贞不屈的精神和事迹一直激励着后人，他那视死如归的民族气节是值得我们每个青少年大力学习的。

正义是一种美德

　　子罕是春秋时期人，当时他任宋国的司城，主管城市建筑和车服器械的制造。这是一个可以捞钱的肥差，因为有些人为了承包工程，总想着用财物到子罕那里买个人情。然而子罕却品质高洁，不收礼物。

　　一次，一个负责开荒石的石工带着一块美玉来到子罕家，声称这块美玉是自己开采石头时采出来的，并说自己是庸俗之辈，不懂欣赏高雅之物，所以决定将这块美玉献给子罕。

　　子罕一见美玉，拒不接受。石工认为子罕不识美玉，就明白无误地告诉子罕："我曾拿着这块美玉让玉器匠鉴别过，玉器匠经过仔细鉴别，断定这块美玉是真正的宝物，我这才敢冒昧地献给你。"

　　子罕说："我以廉洁不贪为宝，您以玉石为宝。如果您把玉石献给了我，那我失去了廉洁，您失去了玉石，咱们两人就都把自己的宝物丢掉了。与其使咱们都有所失，还不如您将玉石拿回，我把廉洁保持下来，这样，咱们就都拥有了自己的宝物，这不很好吗？"

　　石工听子罕这么一说，也就不好再多说什么，只好拿着玉石灰溜溜地走了。

　　像子罕这样以廉为宝的好官，才是拥有世界上最珍贵的宝物。他们的宝物是无价的。他们清廉自守的高尚品格让黎民百姓肃然起敬，让行贿者望而却步。历史是会永远地记住他们和颂扬他们的。

　　当今社会行贿索贿之风屡禁不止，从政府到企业，甚至学校这个堪称最圣洁的地方，也被肮脏的腐败之风玷污了。面对这种伤痛人心的现象，我们应该像子罕那样，以廉为宝，不让那些不正风气玷污我们纯洁的灵魂。

历史上有着许许多多的清官廉吏，要保持住那份清廉，做到金钱面前不动心实属不易，需要坚强的意志力。自古以来，"人为财死，鸟为食亡"的例子比比皆是，但是也有千方百计不要金钱的例子，春秋时期的斗子文便是其中的一例。

斗子文的父亲是楚国贵族斗伯比。据说，斗子文并非斗伯比的亲生儿子，他刚一出生便被亲生父母丢弃在荒郊野外，奄奄一息，幸亏斗伯比的岳父路过，把他捡了回来，送给女儿女婿抚养，斗子文才得以活命。

在斗伯比家，斗子义生活优裕，锦衣玉食。他天资聪颖，勤奋好学，日复一日，年复一年，终于学成。斗子文的满腹才学深得当时国君楚成王的赏识，楚成王将他收入朝中，拜为令尹。多年为官，斗子文都清正廉洁，从不擅用权利，贪污受贿，最令人不可思议的是，他家中的积蓄竟不够支撑一天的开销，全家人生活朝不保夕。

楚成王甚是喜爱博学而正直的斗子文，他深知斗子文家境困难，便有心帮助。在每次群臣聚会之后，楚成王都会专门为斗子文准备一束干肉，一筐干粮，使他能填饱肚子，久而久之，这竟成了楚王宫廷中一条不成文的制度。楚成王怜惜他的爱臣，曾三次要给斗子文增加俸禄，想使他的生活过得充裕一些，可斗子文死活不接受，甚至以辞去令尹来拒绝丰厚的俸禄。这让楚成王无可奈何，也使周围人迷惑不解。

斗子文这样做并不是在标榜自己，他认为当官就是为百姓服务，而不是为自己谋利，并且他始终坚信"成由节俭败由奢"的真理。

春秋时期齐国的齐景公之相晏子也是一位清正廉洁之士。晏子家贫。齐景公赐他千金，他却拒不接受，认为仁智之人不应该贪图钱财，厚取于君却不施于民，是替筐子箱子收藏财物，仁德之人不屑于此。他的思想观点和斗子文如出一辙。他们二人身居高位而不图享受的高尚品德，在今天仍有着深刻的教育意义和警示作用。

田稷是战国时齐国的相国，他办事认真负责，深得齐王的信任，齐王任命他统领百官、总揽政务，权倾朝野。于是总有人偷偷给他送去贿金，以期得到他的帮助。

一天，田稷手下的一名官员给他送了黄金百镒。这的确是个不小的数目，面对这么多金子，他无法抵挡这突如其来的诱惑，在经历一番心理斗争后，还是收下了。

母亲一见这么多金子，十分吃惊，急忙询问田稷金子的来由。田稷是个孝子，他不想欺瞒母亲，于是就将受贿一事告诉了母亲。母亲听后气不打一处来，教训他说：为官就应该清正廉洁，不能见钱眼开，而应该注重自己的道德修养，要有高尚的行为，不应该受不义之财。母亲愈说愈生气，最后竟要把田稷赶出家门。

田稷听了母亲严厉的训斥，感到十分羞愧和自责，急忙原数归还了金子，随后又主动跑到齐王面前去请罪，声称自己犯了死罪，请皇上处死他。

齐王不知何故，忙问："爱卿犯了何罪，要自请处死？"

田稷答道："臣下无德，一时糊涂受属下贿金百镒，回家交与母亲，母亲痛斥臣下为官不廉，不再认臣为子，将臣逐出家门。臣自感罪孽深重，无颜再见母亲。大王信任臣下，对臣下委以重任，臣下却见钱眼开，愧对大王。故请大王重责臣下，以正国法，以严家规！"

齐王闻听此言，对田母家教有方敬佩有加，齐王原谅了田稷的错误，说他知错就改，不再追究。

为了表彰田母的义举，齐王还用国库的金子赏赐了她。齐国人听说这件事后，都称赞田母是位好母亲，也都称赞田稷勇于自责、知错就改的行为。

"知错能改，善莫大焉。"我们不是圣人、不可能不犯错，特别是我们青少年，阅历不丰富，经验不足，所以犯错是难以避免的，关键是当我们犯错时能勇于承认，乐于改正，这才是我们应该具备的美德。同样，我们还应该赞扬田稷的母亲，多一些这样的母亲，就会多一些品德高洁走正道的人，少一些品德低劣走歪道的人。

萧何是西汉初年名相，也是汉初三杰之一（另外二杰为张良、韩信），江苏沛县人，早年曾任秦沛县狱吏。公元209年他随同刘邦起兵，攻克咸阳后，诸将全都忙于争夺金银财宝，萧何却视金钱如粪土，忙于收集秦丞相、御史大夫府所藏的律令、图书，这使刘邦得以掌握全国户口、民情和地势，对日后制定政策和取得楚汉战争的胜利起到了重要作用。

刘邦被封为汉王后，萧何劝说刘邦以巴蜀为基地，与民休息，招纳贤才，然后还定三秦，再与项羽争夺天下，并推荐韩信为大将军。楚汉战争时，萧何以丞相专任关中事，他侍从太子，为法令约束，使关中成为汉军的巩固后方。楚汉相持于荥阳、成皋时，刘邦屡遭挫败，死伤惨重，军中缺乏现粮，萧何及时调遣关中兵卒驰援，并转漕运供给军用，保证了前线兵员粮饷的供应，促使战局发生了根本转机。因此，刘邦称帝后，以萧何功劳最高，位次第一，食邑八千户，分封其父母兄弟十余人以食邑。

在辅佐刘邦打天下、建立刘汉王朝的过程中，萧何"镇国家，抚百姓，给馈响，不绝粮道"，在百姓和军士中有着很高的威望。刘邦嘴上称萧何"功不可望"，但心里对忠心秉正的萧何总是心怀猜疑，担心萧何威信太高而威胁到自己的皇位。

萧何看出了汉高祖刘邦的心思，就把家族中的很多子弟送到刘邦帐下听用，一是避近亲之嫌，二是取得刘邦的信任。刘邦也因此减少了对萧何的猜疑。

后来，刘邦以莫须有的罪名杀了功高震主的韩信，接着又给萧何加封食邑五千户，萧何多次辞谢封赏，刘邦不允，萧何仍坚持献出封赏的资财以助军用。刘邦深恐萧何有二心，又派都尉带领五百名士卒守卫萧何宅院，明是恩宠有加，暗是监视严防。即便这样，萧何仍襟怀坦白，一如既往，以莫大的胸怀精心辅佐刘邦治理国家。

这时，许多好心的亲朋再三提醒萧何，不要再勤勤恳恳为民着想、为民办事，以免刘邦认为他是在取信于民，图谋不轨，最后像韩信那样遭受灭族之灾。萧何这才不得不像贪得无厌的地主，故意挖空心思多弄些土地，低价购进，强赊慢还，人为地造成一些坏名声，好让刘邦放心。刘邦见萧何只注意一些小利，没有把心思用在夺权上，心里暗暗高兴。

刘邦死后，萧何仍以国事为重，并一心一意辅佐惠帝刘盈执掌朝政。萧何临终前，惠帝欲选丞相，征求萧何意见："曹参怎么样？"曹参是武将出身，战功卓著，封赏多在萧何之下，对萧何非常不服，也常有针对萧何的怨言。但萧何出于忠心，虚怀若谷，顿首说："皇上以曹参为相，萧何死了也无遗恨了！"

魔力悄悄话

萧何为了国计民生，忠心耿耿，虚怀若谷，忍辱负重，为汉王朝的稳定和发展作出了重要的贡献。在现实生活中，我们未必会有萧何那种为相辅国的机遇，但他一心一意为国家着想、不计私人恩怨的行为还是可以效仿的。

正义与邪恶的较量

宁死不屈、英勇就义的女英雄刘胡兰，1932 年出生于山西省文水县西周村一个贫苦农民家庭。

刘胡兰从小接受党的教育，积极参加革命斗争，在村里搞宣传、办冬学、组织妇女做军鞋，工作极为出色。1946 年，刘胡兰 14 岁时，党组织经过研究，一致同意吸收她为中共候补党员，等她满 18 岁时再转为正式党员。

1947 年 1 月 12 日，山西军阀阎锡山的军队突然袭击云周西村，逮捕了小英雄刘胡兰。其实，在这之前，已有人通知刘胡兰处境危险，要她转移到西山，但刘胡兰为了忙碌的工作而放弃了逃走的机会。

刘胡兰与村民被匪兵赶到一座观音庙前。这时，一个叛徒走了过来，恶狠狠地说："刘胡兰，今天你可要当心，待会儿向你问话，你可要老实回答，否则就别想过关。"

刘胡兰瞪了他一眼，心中暗骂不止。几个狗子军端着枪，来到刘胡兰面前，将她带进了大庙西厢房。房中坐着两个匪兵头子，正等着审问刘胡兰。

一个叫张全宝的匪兵逼问刘胡兰是否是共产党，刘胡兰自豪地承认自己是共产党员，毫不讳言。张全宝又让刘胡兰供出村里和区上共产党的名单，刘胡兰坚决不说。张全宝威逼利诱，刘胡兰不为所动。连长许德胜沉不住气了，他抢起手中的皮带，怒吼道："你别不识抬举，要不然崩了你！"

张全宝制止住他，对刘胡兰说："这样吧，一会儿开大会，你在众乡亲面前认个错，说你参加共产党是受骗的就行了。"

刘胡兰听了，愤怒地面对他说："呸，办不到!"这下可惹恼了张全宝，他对匪兵一挥手说："带出去!"

庙前广场上，被捕的石三槐、石天儿等六人列成一排，都对匪军怒目而视。匪军将刘胡兰带出，当着她的面将六位英雄残忍地杀害，刘胡兰心都碎了。

张全宝走近刘胡兰，奸笑着说："你还不自白?"刘胡兰依然毫不畏惧，说："要我自白办不到!"

"你才15岁，难道不怕死?"

"怕死不当共产党，我死也不自白，决不投降!"

匪军气得直打哆嗦，刘胡兰挺身上前，在穷凶极恶的敌人面前，从容地躺在了铡刀下，壮烈牺牲，时年15岁。

刘胡兰正如毛泽东所赞："生的伟大，死的光荣"。刘胡兰为了保卫党的利益，保全同志们的生命，严格遵守纪律，宁死不泄露党的秘密，这种高度的自律性，令我们赞叹不绝。在和平年代，我们不会面临这种生命考验，但我们仍需要遵守各种法规纪律，要能够做到利益面前不动邪心，困难当前勇于克服。

2002年，长篇报告文学《根本利益》在社会上引起了轰动，主人公梁雨润为民申冤、为民办实事的事迹感动了广大读者。梁雨润是山西省运城市纪委常务副书记，他以一心为民的公仆情怀，自觉实践"三个代表"重要思想，执法严明，真正做到了权为民所用，情为民所系、利为民所谋，在三晋大地上广为传颂，赢得了广大干部的衷心拥护和爱戴，被誉为"百姓书记""爱民干部"，2003年7月3日，中共山西省委作出了向梁雨润同志学习的决定。12月18日，中央纪委发出通知，号召全国纪检监察干部向梁雨润同志学习。

1998年6月，上级安排梁雨润任夏县纪委书记。

　　到任后的第六天，梁雨润很早就起来批阅群众来信。埝掌镇枣庙村农民胡正来的控告信，引起了他的重视。信中讲述了这样一件事：1996年9月，胡正来的儿子胡宏鸽新婚不久便到太原一家工厂打工，不幸触电身亡，厂方给了1.68万元抚恤金。

　　儿媳李某提出改嫁，并要带走这笔钱。老两口不答应，李某反将他们告到县法院法警队，法警队把胡正来存在本村信用社代办站的抚恤金，连本带息共1.7万元非法提走。

　　闻此消息，胡正来的老伴立即口吐鲜血昏死过去，醒来时已精神失常。在两年多的时间里，胡正来已上访了三百多次，几乎每隔一天就下山一次，找县、市有关部门上访，来回一次就有近百里路，田里的庄稼荒了几茬，家里稍值钱的东西都变卖了，可事情始终得不到解决，绝望中的他只想以死来抗争。

　　梁雨润坐不住了。刚上班他就叫上信访室主任胡根发前往25公里开外的胡正来家。

　　胡正来家所在的埝掌镇高踞在横亘百里的中条山上，崎岖的山路使吉普车不时地颠簸。突然，司机的BP机"嘀嘀——"响个不停，他看了看说："梁书记，你去不成山上了！"

　　"什么事？"梁雨润急切地问。

　　"县委办公室通知，请你马上回去，下午各乡镇的党代表都到会了，务必请你回去跟这些代表见见面。"

　　"对呀，明天就要开党代表会换届选举，你回去跟大家见个面打个招呼，有利于你当选。"胡根发也催着梁雨润返回。

　　梁雨润并不是不知道"见面"的重要。但一想到这个案子已拖了两年多，而且自己已经走到了半路，如果仅仅是因为怕丢了几张选票，就半途而废返回去，那怎么对得起这位老百姓呢？！梁雨润不再犹豫："上山！"

　　来到胡正来家的窑洞，出现在梁雨润面前的是一个驼着背、头发几乎掉光的老汉和他那头发花白、神情恍惚的老伴。当他们确认眼前这位是县纪委书记时，老两口霎时眼放光芒，双双跪倒在梁雨润面前磕了三个响头："梁书记，你要为我们做主呀……"

梁雨润忙扶起两位老人，愧疚地说："是我该向你们磕头才对，我们当干部的没有把工作做好，让你们受苦了！"

当胡正来把事情的原委道个明白后，梁雨润按捺不住心头的愤怒。他当场对胡正来承诺："只要事情属实，我保证 10 天之内解决你的问题！"

梁雨润是个急性子，涉及老百姓的事，他一刻也不愿耽误。回到办公室，他就主持召开了由公、检、法、司四家负责人参加的专门会议，研究解决胡正来案。

七个昼夜的内查外调，七个昼夜的连续奋战，梁雨润和他的同事们终于查清了法院法警队违法违纪的基本事实：除付给原告 1000 元外，吃喝、进歌厅挥霍 7000 元，法警队队长解林合贪污、挪用 9000 元。胡老汉的款被追回，解林合被开除党籍并移送司法机关，其他相关人员也得到了应有的处理。

梁雨润到夏县不久就变群众上访为干部下访，一时间，这个县拖了十几年甚至几十年的积案，全部被翻腾出来，一一得以解决。还查处了几起腐败案，对违法违纪分子进行公开处理，这在夏县人民心中产生了巨大的震撼。

当地群众和纪检干部总结出他解决群众问题的"五部曲"："流泪听状子，承诺定日子，调查进村子，说服耐性子，处理快步子。""百姓书记""梁青天"这样的名字在百姓中广为流传。

梁雨润以自己的实际行动，赢得了党和人民的信任。2001 年 3 月 5 日，省委将梁雨润调离夏县赴运城出任市纪委副书记，上千群众自发为他送行，场面感人。

梁雨润对自己严，对家人和身边的工作人员同样严。对家人，他约法三章：不收与案件有关人员送来的礼物；不替任何人说情；不打听案件情况。对司机，他提出三个不准：不准代收礼品；不准提分外要求；

不准借领导之名办私事。

近年来，全国各地涌现出来的像梁雨润这样一心为民的好干部还有很多。如现任重庆市开县正坝镇纪委书记的张建国，在 2003 年发生的石油川东北气矿突发井喷特大事故中，临危不惧，不怕牺牲，积极组织疏散、抢救受灾群众，赢得人民的高度赞誉，被授予"优秀共产党员""全国优秀纪检干部"等光荣称号，梁雨润、张建国的事迹被广为传颂，感动人心。

魔力悄悄话

那些英雄模范立党为公，执政为民，诚心诚意为群众办实事，尽心竭力为群众解难事，坚持不懈为群众做好事，是我们学习的好榜样。

第八章
正义是我们的毕生目标

三国·魏·曹植《七启》："览盈虚之正义,知顽素之迷惑。"

从维护正义,主持正义,追求正义等相关的正义概念来讲,正义是一种行为,是一种有利于人类和谐幸福的行为。正义是相对邪恶而言的,邪恶是不利于人类和谐幸福的行为。中国幸福学认为,没有不幸就没有幸福,同样,没有邪恶也就没有正义可言。中国幸福学认为,道德是人们为了维护我们群体的利益而约定俗成的我们应该做什么和不应该做什么的行为规范。显然,追求人民和谐幸福的行为是符合我们人类最高道德利益的。

公平正义是我们永恒的追求

于成龙是清朝山西永宁州（今方山县）人，他于顺治十八年（公元 1661 年）年出仕，历任知县、知府、按察司、大学士等职。在 20 年的宦海生涯中，以卓著的政绩和廉洁的一生，深受百姓爱戴。

1661 年，已经 44 岁的于成龙不顾亲朋阻拦，抛妻别子，出任广西罗城知县。罗城地处边荒，当时遍地荒草，城内只有居民六家，茅屋数间，县衙也仅三间破茅屋。于成龙只得寄居关帝庙。缺衣少食使同来的五名仆人不久或死或逃，只留下一个仆人不忍弃他而去。他以坚强的意志，扶病理事，迈开了仕官生涯的第一步。他见那里的百姓生活贫困，就恳请上一级官员减轻当地的徭役，借以减轻农民的负担。他创办学校，抚养孤贫；他勤于政事，尽除弊病，办案公正，一时间广西出现了安居乐业的景象，再加之他爱民如子，因而当地的百姓尊称他为"阿爷"。

于成龙除朝廷给的俸禄外，从不动用官银一分一毫。他早晚都是喝粥吃咸菜，中午吃碗山西面饭，很少吃肉。当地百姓见自己的父母官如此清苦，于心不忍，就凑点钱物给他送去。但他坚辞不受，百姓只好跪着恳求他收下大家的一片心意。

每到这时，于成龙总笑着说一个人在这里生活，吃喝方面用不了许多东西。把这些钱物拿回去孝敬自己的父母，比送给他还让他高兴百倍。无论如何他还是不收，众人只好怏怏离去。

有一次，于成龙的儿子从山西老家来看他。当地百姓知道后，就奔走相告，决定凑些钱让他儿子拿回去以补贴家用。

于成龙面对当地百姓对他的关爱体贴，十分感动。但他无论如何也不收大家的银子。他一边给送银子的百姓连连作揖表示感谢，一边恳切地推脱了。儿子临行前，于成龙将一只腌鸭割了一半让儿子带回老家，民间因此传道："于公豆腐量太窄，长公临行割半鸭。"

于成龙清正廉洁的事迹传开后，四川总督卢兴州等人就举荐他担任了四川合州的知州。在知州任上，他政绩卓著。康熙皇帝知道了于成龙的事迹后，称他为"天下第一廉吏"，并委派他做了福建按察使，接着又升任直隶巡抚、江南总督，成了管辖一方的封疆大吏。于成龙的官越做越大，却仍然自奉简陋，廉洁如初。为扼制朝廷官员的腐败奢侈，他带头实践"躬先俭朴"，生活极为艰苦。去直隶，他"屑糠杂米为粥，与同仆共吃"，在江南他是"日食粗粝一盂，粥糜一匙，侑以青菜，终年不知肉味。"江南百姓因此称呼他为"于青菜"，他天南地北，只身天涯，不带家眷，结发之妻阔别 20 年才得相见，别时青丝已变白发，夫妻相对，老泪纵横。他在任所病死后，室内遗物只有一件破袍和几罐腌制的豆豉，白米六斗，布衣一箱。

于成龙心系百姓，从不为自己考虑，处处为民众着想，时刻关心百姓的冷暖，是古今官员的杰出楷模，是今天我国反腐倡廉的一面镜子。坚持不懈地反腐倡廉，是我国建设社会主义必不可少的重要保证，反腐倡廉虽然是执政者的任务，但如果我们年轻人从小就树立廉洁的风尚，以后有机会从政，定能如同于成龙一样廉洁勤政。

在湖南省委原副书记郑培民的记事本上，写着这么一句激励自己的话："搭帮党恩引水来，洗旧换新心不愁，继往开来泉水在，浇灌育林绿无洲。"这是他从古丈县高峰乡林场水井边的井志碑上抄来的，他就是以这种老百姓最朴实的话作为激励自己和教育干部的一面镜子。

1990 年 5 月，郑培民从湘潭市委书记之职调任湘西土家族苗族自治州州委书记。

在任期间，郑培民经常下到基层，深入一线。一次，永顺县小溪乡山体滑坡，群众受灾严重。郑培民立即前往现场，由于小溪乡不通车，他就绕道吉首、古丈两个市县，坐了三个小时的机帆船，然后转乘一辆手扶拖拉机，在狭窄湿滑的简易公路上颠簸行驶。突然，一块大石头从山坡上滚下来，刚好砸在拖拉机前面的泥路上。大家顿时惊出了一身冷汗，并赶紧劝他："郑书记，我们回去吧。"郑培民坚决不同意，大家拗不过他，合力把石头推开，又继续前进。

一天，作为推广水稻栽培新技术的带头人，郑培民带领一群农技人员去给农民进行示范操作，连续在田间劳动了一个多星期。由于他患有高血压等疾病，又因劳累过度头晕目眩，最后摔倒在了三米多深的田坎下，全身受伤，当场就出现呕吐、虚脱，并造成了脑震荡。

两年多的时间里，郑培民就这样，不顾个人安危和劳苦，跑遍了全州的 218 个乡镇、上千个村寨。在湘西的方言里，"培民"与"为民"的发音相近，于是不少干部群众干脆就叫他"为民书记"。

1986 年 8 月，郑培民受组织委派，到中央党校学习一年。临走时，他在财务室借了 5000 块钱作差旅费。报到后，他把余款存到中央党校的储蓄所。一年后，学成归来，他到财务室按规定报销了有关费用，另外还交给财务人员八元七角二分。财务人员不明白这是怎么回事，他解释说："这是我预借差旅费余额的活期存款利息，这钱应该交公！"

2002 年 3 月，中央抽调郑培民到北京临时工作一段时间。3 月 11 日，他在考察干部时，突然感到胸口难受，心肌梗死又犯了。他吃了随身携带的药也无济于事。秘书赶紧送他去医院。途中，郑培民的头无力地歪倒在了秘书的肩膀上。

秘书见状，焦急地催司机："快！快！"救护车司机拉响警笛，开始闯红灯。这时，郑培民艰难地睁开眼睛，一字一字地说："不要闯红灯！"到了医院，他昏迷过去后就再也没有醒来。

"不要闯红灯！"成了郑培民留给人们的最后的话语。

不少熟悉郑培民的人都说："他这个人请吃饭请不动，送礼送不进，请他写个条子更是难办到。"他逝世后，工作人员清理他的遗物时发现了他的一本廉洁账，上面记载着何时、何地拒收了什么礼金礼品，没能当面退还的又交何部门何人处理，每一笔都记得清清楚楚。从湘潭到湘西、从副省长到省委副书记，十多年来，一贯如此。

魔力悄悄话

我们知道，一个人做点好事并不难，难的是一辈子做好事。对于一个干部来说，一时廉洁奉公并不难，难的是随着官位的升迁、地位的变化，仍保持本色、亲民、爱民，廉洁自律。无疑，郑培民做到了。郑培民一心为民、廉洁奉公的崇高品质，将永远留在人们的心中，成为人们学习的榜样。

正义是让人心服的信念

邱少云，四川铜梁人，1949 年参加中国人民解放军，1952 年参加中国人民志愿军。

1950 年夏天，四川人民迎来了新中国成立的第一个丰收年，邱少云所在的部队前去帮助农民收割庄稼。邱少云熟练地挥动镰刀，一会儿就把别人落下了一大截。割了几趟后，邱少云忽然觉得头重脚轻，浑身无力，但他仍然坚持收割庄稼。晚饭后，经卫生员测量体温邱少云才知道自己发了高烧，连长就对他说："你要好好休息，早点养好病，实在闷得慌，就擦一擦你们班的枪。"

邱少云因病不能帮农民劳动，就闷闷不乐地擦起枪来。待把其他战士的枪擦完，正要拆开自己的枪准备擦时，突然响起了雷声，还出现了闪电，大雨将至。邱少云赶紧抓起扁担就往地里跑去，刚拆散的枪零件依然摆在桌子上。

邱少云没跑出多远，大雨就倾盆般哗哗地下了起来，要回去拿雨衣已经来不及了，他便像只落汤鸡一样和大家一起忙着挑捆好的水稻。这时，朱连长把一件雨衣披到了他的肩上，并大声对他说："真是乱弹琴！这么大的雨，你的病加重了怎么办？还不赶快回去？"为了早点把水稻抢运完，邱少云坚持干着手中的活。

抢挑完水稻后，班长回宿舍看到了散摆着的枪零件，大吃一惊。他和连长商量了一下，就把邱少云找来说道："有件事我要批评你。你带病参加抢收，这种精神很可贵，值得表扬和学习。可是，你让雨一淋，病加重了怎么办？连长让你休息，是从整个革命利益着想。有了好身体才能多做工作、做好工作。你应该服从命令好好休息。"班长接着说:"你急急忙忙就走了,把枪零件随便就扔在桌子上,要是有敌情怎么办?难道你能空着拳头上战场,用两个拳头打敌人吗?"

邱少云从这件事情上认识到了遵守纪律、服从命令的重要性,立即向班长作了检讨。从此,邱少云视纪律高于生命,严格遵守。

1952年10月11日,在朝鲜反击敌占金化以西三九一高地的战斗中,邱少云和全排战士奉命于夜间潜伏在距敌阵60米的山脚,待次日傍晚配合大部队发起总攻时突袭敌人。12日中午,邱少云被敌燃烧弹所引起的烈火烧着。

邱少云身后就是一条水沟,这时候,只要他往后挪上几步,在水沟里打几个滚,就可以把火扑灭,但他却一动不动。他心里很清楚,此刻,山上山下正有几十架望远镜注视着燃烧的地方,只要稍稍有一丝动静,敌人的炮火就会顷刻间把潜伏着五百名战士的这块开阔地炸成焦土。于是,邱少云一直忍受着烈火带来的剧痛,直到壮烈牺牲,他一直纹丝不动,最终保证了战友们的安全和整场战斗的胜利。

年仅21岁的邱少云牺牲后,被追认为中共党员,记特等功,授予"中国人民志愿军一级英雄"称号,并荣获"朝鲜民主人民共和国英雄"称号及金星奖章、一级国旗勋章。他不顾个人安危、视纪律高于生命的崇高精神,一直鼓舞着中、朝两国人民。

日常生活和工作中,像遇到邱少云那样的纪律与生命绝对矛盾的时候也许并不多,但是,"视纪律高于生命"的精神却时刻需要。日常生活和工作中,与纪律冲突的更多的是个人的利益和个性。当今时代是个张扬个性的时代,尤其是年轻人,更是以个性为高。张扬个性是时代的精神,严于律己也是不可或缺的美德。二者兼顾、完美统一,社会才是和谐的,个人也才是优秀的。

"滴水之恩,当涌泉相报",这是古代侠客义士的生命信条。春秋时期晋国的豫让就是这样一名知恩图报的人。

豫让是智伯的家臣，出身卑微，但智伯敬重豫让，以国士的规格厚待他，这令豫让特别感动，并时刻铭记着。后来，智伯在联合魏、韩共同讨伐赵襄子的过程中被赵襄子设计杀害，豫让得知此事后义愤填膺，发誓要不惜一切代价替智伯报仇雪恨。

豫让在为智伯复仇的过程中几乎用尽了一切办法，起初他更名换姓，装作是一名服苦役的人到赵襄子府中打杂，为其修厕所，实则腰揣匕首准备随时刺杀可能出现的赵襄子。但这一计谋被赵襄子识破，赵襄子搜出豫让的匕首，心中大为不快，可又敬佩豫让的勇气和苦心，就网开一面，把他放走了。

豫让回到家中，后悔自己没把握好时机，决心重新部署，再次出击。随后他开始改变自己的形象，把身上涂了漆，让身体遍布癞疮；又口吞火炭，烧伤声带，使声音变得嘶哑，这一过程历久而残忍，可豫让却没有任何退缩。一番狠心认真的自毁自虐后，豫让心满意足了。他又找来破衣烂衫，装扮成一个乞丐，让妻子家人几乎都认不出来。

面目全非，但依旧一腔复仇热血的豫让孤独地在街市上游荡、徘徊，继续寻找刺杀赵襄子的机会，他随时把自己调整到可以出击的状态。

一天，赵襄子出游，此讯息被豫让得知，他兴奋极了，便事先考察了赵襄子的马车必经的一座小桥，准备好宝剑，静静地埋伏在桥下。但豫让的复仇总是进行得不那么顺利，连赵襄子那驾车的马都同他过不去。赵襄子的马车在到达桥头时，驾车的马好像觉察到了什么，竟受惊不前。赵襄子的守卫警觉起来，四处搜查，不一会便从桥下搜到了蓄意待发的豫让。所以，豫让的复仇行动再一次地化为泡影。

赵襄子经仔细辨认核查，得知又是上一次茅厕行刺的豫让，便非常生气地问："上次我敬佩你的勇气，留你一命，你为何二番前来刺我，难道你非得给死去的智伯报仇吗？"

豫让坚定地回答："对，女为悦己者容，士为知己者死。智伯若以常人规格对待我，我便会以常人的反应回报，但智伯是以国士的规格厚待我，我当然必以国士的行为回报。既然我再次失手，也许是天不遂我意。你能否借我一件外衣，让我'刺杀'你的外衣，来满足报仇的心愿。"

一席话说得赵襄子也不禁在心中赞他确是人间义士，不由得羡慕起智伯有这样一名知己，随即脱下外衣，满足豫让。豫让郑重地拔剑出鞘，向赵襄子的外衣刺出三剑，待这一象征性的复仇仪式完成后，豫让便挥剑自刎而死，这一举动惊呆了在场的赵襄子等人，他们个个钦佩这个勇气与理性兼备的刺客。

魔力悄悄话

义是能够挺身而出维护获得公众认可的道德价值观念，即使牺牲自己的生命亦在所不惜的一种形态，如果说仁需要的是内心的修炼与养育的话，那么对义来说，更重要的是要付诸实践。虽然豫让复仇并未取得真正意义上的成功，但他舍生取义的精神却为人所敬仰，受世人尊敬。

别让嫉妒扭曲你的正义感

朋友间交往，最重要的就是讲信义。春秋时齐国三杰的故事，恐怕是重信重义篇章中最执着而惨烈的。

齐景公在位时，晏婴担任相国，同朝共事的还有被称之为"齐邦三杰"的田开疆、古冶子和公孙接。这三人都异常勇猛，而且功劳很大，被齐景公列为"五乘之宾"。

田开疆、古冶子、公孙接三人志趣相投，所以结为兄弟，他们常常仰仗功劳和神勇口出狂言，傲慢无礼。暗中准备篡夺齐国统治权的大臣陈无宇四处收买人心，与他们三个结成了一伙。此事被齐景公和相国晏婴觉察到，他们深为三人的实力担忧，于是决定除掉这三人。晏婴立即设好圈套，以便择时下手。

有一天，鲁国国君来访，齐景公设宴招待，三位勇士及晏婴都到场作陪。齐景公叫人端出园中的金桃，分发给功劳最大之人。到了田开疆、古冶子、公孙接面前，就只剩下两个鲜桃。齐景公让他们陈诉自己的功劳，谁功劳最大就颁给谁。

公孙接第一个站出来说："当年，我跟随主人在桐山打猎，力诛猛虎，这功劳够得上吃桃子吗？"晏婴点头称赞，说他护驾有功，便递给公孙接一枚桃子和一杯酒，公孙接吃桃饮酒后退回原位。

古冶子一跃而出，说："我曾在黄河斩杀妖鱼，使主公转危为安，这够得上吃桃子吗?"晏婴赶快赐鲜桃一枚,美酒一杯。

这时,田开疆说道:"我奉命讨伐徐子,斩杀徐子著名大将,使徐子归服于齐,安定了各国诸侯,使他们推举主公为盟主,这样的功劳还够不上吃桃子吗?"

的确,田开疆功劳最大,齐景公假意安慰他说:"你功劳最大,只可惜开口晚了,桃子已然分完,赐你美酒一杯,金桃就等待来年吧!"

功高而无桃,田开疆从未受过这等委曲,便怒吼道:"我血战疆场,反而吃不到桃子,当着众人的面受这等耻辱,会被千秋万代人所耻笑,我有何面目立于天地之间呢?"说完,挥剑自刎而死。

公孙接一看,大惊,他内心感到巨大的不平衡,他认为取桃不让,是不谦;田开疆死而自己不跟从,是不勇,于是立即挥剑自刎。

古冶子见状,大声说:"我们三人亲如兄弟,曾发誓同生共死,现在他二人已死,我又岂能苟活于世?"说完,也自刎而死。

顷刻之间,三勇士俱死朝堂,场面壮观悲怆。表面上看,三人因争桃而亡,实际上,这其中贯穿着质朴的荣誉与信义观,如果田开疆是为荣誉而死,那么公孙捷和古冶子则是为信义而亡。历史上"二桃杀三士"的巧妙计谋,映射出的是三位勇士对信义的承诺。

所谓恪守信义,即对许诺一定要承担兑现。"人无信不立",在人与人的交往中,中华民族历来把信义、信用看得很重要。

孔子说:"与朋友交而不信乎?"

墨子说:"志不强者智不达,言不信者行不果。"

还有"一诺千金""一言既出,驷马难追"等,都是强调一个"信"字。

清代顾炎武更是以"生来一诺比黄金,哪肯风尘负此心",表达了自己坚守信用的处世态度和内在品格。

青年人一定要记住中国人以信为本的做人处世之道,只有做到了一诺千金，才能成就大事。

春秋时，郑国处在楚国和晋国两大国之间，所以，常常因得罪一方而引起战争。公元前 585 年，楚国对郑国参加以晋国为首的联盟感到不满，便对郑国发动进攻。

郑国力量弱小，抵挡不住，就派人到晋国请求援助。晋国派大臣栾书为主帅，带军队前往援郑。栾书的军队进入郑国不久，即与楚军在绕角相遇。楚军见晋军来势凶猛，就没敢进攻，不战而退了。

栾书不甘就此收兵，转而去攻打与楚国同盟的蔡国。蔡国国小力薄，又去求助楚国，楚国无奈，只得调动附近公了中和公了息的军队出战。

楚军去而复返，这一局面要怎样应对，晋国军中产生了分歧。大将军赵同和赵括向栾书请战，获得批准。但另三位将领知庄子、范文子、韩献子坚决反对，他们的理由是：楚国原已退兵，晋国就理应退兵，可晋国却又侵略蔡国，即是晋国的耻辱，现在楚国派了两个县的军队支持蔡国，晋国又要去攻打这些弱小的对手，那就耻辱之极了。

栾书听了三人一席肺腑之言，决定收兵回国。那些主战的将领大为不服，他们对栾书说："现在正是进攻取胜的好时机，大帅却要放弃，实在令人不甘心。再者，自古以来，圣人的观点都是和大众相同的，所以才能成就一番事业。您是军中主帅，理应听从大众的意见，此时，辅佐您的十一人中仅仅三个不同意出战，其余全部蓄势待发，您为什么不能听取大多数人的想法呢？"

栾书不愠不火，非常镇定地回答说："只有正确的意见才能代表大多数。知庄子、范文子、韩献子三人虽然人数上占少数，但他们都是晋国的贤德之人，他们所提出的意见也非常合理，我一向只听从正确的意见，这难道有什么不妥吗？"

众人一时哑口无言。栾书下令撤兵回国。

又过了两年，栾书攻下蔡国，又想攻打楚国。同样，这一回知庄子、范文子、韩献子三人又提出异议，他们分析了当时的情况，建议栾书暂停攻楚，转而侵沈，结果栾书听取他们的意见，调兵侵袭沈国，取得了胜利。

《左传》热情地赞扬了栾书这一虚心听教的品德，说他："从善如流，宜哉！"

魔力悄悄话

其实每个人的能力都是有限的，都有一个难以超越的限度，只有积极吸收善意的见解，乐于接受他人的意见，才能最终超越自己，突破平庸，创造辉煌。

第九章
正义根植于信赖之中

　　鲁迅《集外集·<痴华鬘>题记》:"出离界域,内外洞然,智者所见,盖不惟佛说正义而已矣。"

　　所以,正义的定义是:正义是人们为了战胜当前邪恶,最终是为了维护人类和谐幸福的 道德行为 。通俗地讲,为了战胜当前邪恶,为了人类和谐幸福,该出手时就出手,这就是正义。

用奉献赢得信赖

1955 年，张海迪出生在山东省文登市一个知识分子家庭。在她 5 岁的时候，一场大病使她胸部以下完全失去了知觉，生活不能自理。更让张海迪的家人悲伤的是，医生们一致认为，像她这种高位截瘫的病人，很难活过 27 岁。

面对死神的威胁，已经长大成人的张海迪也一度情绪低沉，但她并没有沉溺在悲观中，很快就接受了这个无法改变的事实。当她意识到自己的生命不会长久后，更加珍惜分分秒秒，准备用勤奋的学习和工作来延长自己的生命。因此，她在日记中写道："我不能碌碌无为地活着，活着就要学习，就要多为群众做事。既然是颗流星，就要把光留给人间，把一切奉献给人民。即使跌倒一百次，也要一百零一次地爬起来。"

1970 年，张海迪随父母到莘县尚楼大队插队落户，亲眼目睹了当地群众因缺医少药带来的痛苦。于是，张海迪萌生了学习医术解除群众病痛的念头，她用自己的零用钱买来了医学书籍、体温表、人体模型和药物等，然后开始苦学起来。为了熟悉针灸穴位，她在自己的身上画上了红红蓝蓝的点儿来练针，体会针感。功夫不负有心人，经过艰难的学习和研究，张海迪掌握了一定的医术，已经能够为一些常见病和多发病患者进行诊治。在插队落户的十几年中，张海迪先后为群众治病达一万多人次。

后来，张海迪又随父母迁到县城居住，一度没有工作。她从保尔·柯察金等人的事迹中受到鼓舞，从高玉宝等人的写书经历中得到启示，决定走文学创作的道路，用自己手中的笔塑造美好的形象，以此启迪人们的心灵。伴随着她的作品《轮椅上的梦》的问世，张海迪——这个光辉的名字在社会上引起了强烈反响，而最新出版的长篇小说《绝顶》，更让她在文学道路上获得了巨大的成功。

张海迪还在读书写作之余临摹名画、学识五线谱，并能用手风琴、琵琶、吉他等乐器演奏歌曲。后来，她成为山东省文联的专业创作人员。

有一次，一位老同志拿来一瓶进口药，请张海迪帮助翻译上面的说明文字，但张海迪却看不懂。看着这位老同志离去时失望的样子，张海迪心里难受极了，她决心学习英语。从此，她家的墙上、桌上、灯上，乃至她的手上、胳膊上，都写上了英语单词。家里要是来了会点英语的客人，她都要谦虚求教。经过七八年的艰辛努力，张海迪不仅能够阅读英文版的报刊和文学作品，还翻译了英国的一部长篇《海边的诊所》。当某出版社年过半百的总编从她手中拿到译稿时，感动得流下了热泪，并热情地为该书写了序言：《路，在一个瘫痪姑娘的脚下延伸》。

这以后，张海迪又学习了日语、德语和世界语。她还随时帮助周围的青年，鼓励他们热爱生活，珍惜青春，努力学习为人民服务的知识和本领，为祖国的繁荣富强贡献自己的光和热。

魔力悄悄话

"无私奉献"，短短四个字，蕴含着丰富的内涵。它是人生的一种境界，当一个人把"无私奉献"当成自己座右铭的时候，他的人生才是最有意义的。

怀抱正义，做值得信赖的人

　　各种彩票的发售是近年来我国的新鲜事，由于这种业务社会影响极大，工作中是否诚信就成为凸显的社会问题，也曾有"西安宝马彩票案"等事件闹得沸沸扬扬，但更多的都是人们诚实守信的动人故事。

　　2002 年 7 月 25 日开奖的 2002 年第 81 期 "36 选 7" 广东体育彩票汕头中奖情况，牵出一段汕头人诚实守信的动人故事：广东省体彩澄海04169 号投注点的经营者面对寄选的巨奖彩票没起丝毫贪念，将中奖彩票还给购票者。

　　8 月初的一个下午，刚开奖的第 81 期体彩汕头市一等奖百万得主王先生，来到汕头市体育彩票管理中心办理领奖手续。他告诉工作人员，这张中奖彩票是投注点主动"送还"的，此前，他一点也不知自己买的是什么号码。他感激地说，这个投注点经营者丝毫没有贪婪之心，真是诚信经营。

　　据王先生介绍，他于 25 日下午 1 时多路过澄海 04169 体彩投注点，看到一些人在买彩票，便掏出身上仅剩的 100 元随意机选一组 72 元的复式票，并将彩票暂寄在投注点，之后便回去了。直到下午 5 时多，他来到投注点取回彩票时，经营者兴奋地告诉他：彩票中了 189.5 万元的巨奖。他还以为是开玩笑，因为他根本就不知机选彩票的号码是什么，更没想到自己会真的中奖。

　　澄海 04169 投注点的经营者林派福和陈雪是一对年轻的夫妇。原来，7 月 25 日购彩顾客要随意机选一组复式票，并说"票打出来后暂时寄放在这里，待会过来拿。"便开着摩托车走了。林派福心想，顾客信任我才委托我帮他机选，我得认真按中奖号码走势图来筛选。于是，他一连选了11次号码组，并最后选定了这一组。

可是，直到下午5时，购彩顾客还没有来拿彩票。下午5时10分，林派福突然接到汕头市体育彩票管理中心的报喜电话称，该投注点有一组彩票中了大奖。林派福马上拿出寄存在该点的彩票一对，真的中了巨奖。下午约5时30分，王先生前来取票，林派福夫妇立即告知他这一喜讯，并将中奖的彩票还给王先生。

在寄彩票者王先生完全不知号码和已经中奖的情况下，假如林派福顿生贪念，完全有办法"吞掉这一巨奖"。但他为何不为所动？林派福坦率地说："我也喜欢大奖。但这组彩票是顾客寄放的，我们必须诚实守信。我更希望有更多的人能够在这里中到巨奖。"

无独有偶，广东省化州市的彩票经营者林海燕也曾将500万大奖归还买主。

2002年8月，广东化州一体彩投注站老顾客吴先生因临时出差，便电话委托该投注站老板林海燕代购了700元彩票，彩票号码是林海燕帮他选的。孰料，这700元彩票竟中了500万大奖！而直到此时，吴先生仍出差在外，且未向投注站交钱，众所周知，彩票最大的规矩是，它不记名、不挂失，在谁手里，谁就有权去领取，这是受法律保护的，林海燕完全可以将大奖据为己有，但她却毫不犹豫地通知了吴先生。

中国体彩中心主任孙晋芳得知此事后表示，要在全国宣传这个"诚信典型"。由当地的有关部门联合组织的"中国体彩诚信形象大使"林海燕事迹报告会，于2003年1月在广东省全省范围内展开。

林海燕在500万元巨奖面前不动心，恪守诚信经营原则的感人故事，被当地媒体称为一个"当代的诚信童话"。

诚信是立身之本，更是商家的经营之道。现代诚信要超越传统意义上"朋友有信"的狭隘范围，形成维系市场秩序的经济伦理，成为维系社会公共秩序的公民道德。诚信待人，别人大多也会以诚信待你，因此诚信可谓是一种双赢策略，对个人如此，对社会、对国家也是如此。

在宁夏的山川大地，每当人们谈起"希望工程""春蕾计划"，都会习惯地提到春蕾奶奶姜丽娟和她那些感人的事迹。

1979 年，姜丽娟从银川橡胶厂退休后，热心公益活动的她又到富宁街西关居委会从事社区工作。尽自己的能力为社会做一点事，成了姜丽娟的最大心愿。1994 年，姜丽娟在电视上看到国家实施"希望工程"，她了解到贫困山区有很多孩子因交不起学费而辍学，黑乎乎的窑洞教室，残缺不全的桌椅板凳，孩子们没有笔和本，拿着树枝在地上写字，这一幕幕的景象使她受到了强烈的震撼，老人心里非常难受，下定决心要为山里的孩子做点事。姜丽娟那时任城区西关居委会主任、军民共建领导小组组长，她向辖区驻军和军民共建单位发出了"救救孩子"的公开信，并召开军民共建领导小组会议，向他们介绍原州区黄铎堡乡甘沟村小学的情况，征得了大家的支持。经过两个月的奔忙，银川警备区和 21 个共建单位共捐款 4 万元，为甘沟村小学购置桌凳 100 套，修缮校舍用砖 1.6 万块和录音机、扩音机等教学器材。辖区内银川第二回民小学与甘沟村小学开展了"城乡小学心连心、山川儿童手拉手"活动。为了把"希望工程"长期坚持下去，她组织共建单位与甘沟村小学签订了"军民共建希望小学协议书"，成立了辖区"希望工程领导小组"，并设立了"园丁奖"和"成才奖"，激励了希望小学的教师和学生，使捐助"希望工程"的活动不断深入、扩大。

1995 年，姜丽娟偶然看到自治区妇联关于"春蕾计划"的倡议书，得知固原地区有 1.7 万名女童因交不起一年 80 元钱的学费而辍学后，难以入睡。为了扩大宣传，姜丽娟怀揣倡议书，随身带着一张张失学女童的照片，奔波于辖区单位、各大机关、军民共建单位和居民家庭，动员社会各界伸出援助之手。在姜丽娟的努力下，为女童捐款的人络绎不绝。

每到一个地方，姜丽娟都留心那里有没有失学女童用得上的东西。1998 年 11 月的一天，到银川市委办事的姜丽娟发现楼道内有一些旧桌椅，她马上询问市委领导，不用的桌椅是否可以捐给失学女童？市委领导非常感动，让工作人员又从各部门搜集，凑够了一个班的桌椅。姜丽娟又请警卫连的战士将这些桌椅送往盐池县高沙窝乡的一个"春蕾"女童班。姜丽娟深知，重返校园的女童们最缺的是精神营养，而他们手中仅有的课本是远远不够的。于是，她发动人们捐助书籍、学习用品等。在她的带动下，《少年读者》杂志社分别向西吉县新营乡、盐池县惠安堡乡的"春蕾班"捐献了价值两万多元的杂志、书籍和120件衣服。虽然山区的路途遥远，但姜丽娟还是一趟又一趟地赶往那里，把她的一腔热情带给了女童们。每年"六一"前夕，她都要给孩子们送去学习用品和生活用品。

姜丽娟老人患有高血压、心脏病、糖尿病等多种疾病，但为了这项事业，她没有顾虑。她常说："只要我还有一口气，就要把这项工作干到底。"1996年6月，她到医院做胆囊切除手术，在上手术台前，还嘱咐女儿："还有几个孩子的经费没有落实，你给我操点心。"当年9月，身体尚未完全恢复，姜丽娟又与妇联的同志一道驱车去固原看望女童。

姜丽娟的爱心行动，得到了社会的高度赞誉。1999年，国家人事部、劳动部、民政部、全国老龄委四部委为她颁发了"老有所为奉献奖"；2000年，国务院妇女儿童工作委员会和全国关心下一代工作委员会授予她"全国优秀儿童工作者"和"关心下一代先进个人"荣誉称号。她还多次被自治区评为"优秀共产党员""三八红旗手""双拥模范"。

魔力悄悄话

生长在城市的青少年，很难想象生活在边远山区的失学青少年的困窘。青少年应努力学习，只有掌握了各项技能，为祖国的建设服务，才能改变贫困落后的面貌，也才能像姜丽娟那样为"为希望工程"尽己所能。

信赖让正义锦上添花

　　郭子仪和李光弼都是唐中叶的名将，"安史之乱"前，二人同在朔方节度使手下任职，但一向不和，即使同坐一条板凳开会，也从不交谈。李光弼心直口快，他常与人抱怨说："让我与郭子仪位列一起，我真感到耻辱，他不过是个有名无实的家伙罢了。"郭子仪每每听罢，并不深究，只一笑了之。二人就这样尴尬地相处着。

　　安史之乱爆发，朔方节度使被调回京城，这个职位空了出来，两名朝中重将郭子仪、李光弼是最有可能升任这个职位的人。果然，军令传来，郭子仪被任命为朔方节度使。李光弼顿时位居郭子仪之下，他深感恐惧，心里后悔当初不该与郭子仪积怨，左思右想，为免遭迫害，保全家人，他决定当面向郭子仪谢罪，求得节度使的原谅。

　　一天，李光弼面见郭子仪，他跪拜谢罪说："郭将军您大人大量，我是个山野粗人，先前多有得罪，死不足惜，但愿郭将军可以放过我的一家老小。"郭子仪大惊，忙上前双手搀扶李光弼，拉着他说："李将军多虑了，你当我郭某是何等人，如今国家尚处危难之中，你我二人理当携手报效国家，共击叛贼，我哪能做那种公报私怨，使亲者痛、仇者快的蠢事呢。"二人从此言归于好，全力共讨安史叛军。

　　公元 756 年，李光弼的大军被史思明围困于嘉山，危在旦夕，李光弼为此寝食难安，因为如果强突重围，官兵肯定死伤惨重，而唯一可以救援的军队只有远在几百里外的郭子仪大军，却路途艰险，遥不可及，而自己又得罪过郭子仪，看来这次要全军覆没了。令人万万没想到的是，郭子仪竟亲率大军，日夜兼程，火速赶来营救李光弼大军，两支军队里应外合，胜利会师。经此一战，李光弼心中已没有一丝嫌隙，从此，他随着郭子仪转战南北，共同进退，平定了"安史之乱"，建立了不朽功勋。

郭子仪以其坦荡无私、以德报怨的襟怀赢得了世人的赞叹和支持，正是这种品德使一大批杰出的将才紧密团结在郭子仪周围，为保卫国家作出了应有的贡献。

以德报怨并不是不辨是非，它是一种崇高的美德和优秀的品质。这种品质，虽润物无声，却能对他人的心灵起到潜移默化的作用，能溶化千年冰雪，暖透心房，赢得他人的尊敬与信任，也为自己创造出一条成功的高速之路，载着我们顺利驰向成功的彼岸。青少年应该以郭子仪为榜样，将以德报怨的美好品德深植于心灵，开创出自己的事业。

陶行知是我国现代伟大的教育家。1932年，陶行知为推行"乡村教育运动"而成立的晓庄学校在被国民党政府关闭又获启封后，他又在晓庄成立了一所儿童学校。学校的教员由陶行知委派的年龄大一点、识字多一些的小学生自己担任，他还特别委任聪明好学的孩子胡同炳为儿童自助学校的校长。

胡同炳当校长后，不但自己学习努力，而且把整个学校也管理得井井有条。陶行知知道了这些情况，非常高兴。

1936年陶行知出国了，正当他为宣传抗日救国主张而到处奔波的时候，胡同炳得了脊椎炎。家里为了给他治病，卖了耕牛，卖了粮食，把几亩好地也典出去了，但胡同炳的病却不见好转，而且在日益加重。

当时农村的封建迷信思想严重，家里人给胡同炳请来了巫婆。巫婆说是冲撞了野鬼，必须用火在屋里的各个角落里炙烤，把鬼赶走。于是巫婆口中念念有词，怪模怪样地边唱边跳。黑烟把胡同炳熏得咳嗽不止，他在得知这是巫婆在"驱鬼"，他记起了陶行知在灭蝗时讲的破除迷信、提倡科学的道理，于是强打精神，用手指着那个巫婆，愤怒地让她滚出去。

妈妈赶紧让他不要得罪大神，他责怪妈妈宣扬封建迷信。由于过度生气，胡同炳一阵疼痛，晕了过去。而巫婆却更加起劲地喧闹开了。胡同炳再次苏醒，举起枕头就向巫婆砸去，并且大声地吼着让巫婆滚出去。

妈妈这时也回忆起那年闹蝗虫的情景。那时，蝗虫铺天盖地而来，村里人求神拜佛都不管用，是陶行知带领大家扑打，才消灭了蝗虫。

巫婆被赶走后，胡同炳又疼又累，躺在床上一直喘着粗气。全家人束手无策地守在床前不知该怎么办才好。

就在这时，邮差送来了一封信。原来，陶行知在国外从一个晓庄学校学生的来信中知道了胡同炳的病情，就立即以"何日平"的化名来信，让胡同炳赶快到上海中山医院骨科治病，所有治疗费用由他来承担。

陶行知家里还有个四岁孩子需要照顾，而他自己在国外也需要用钱，但是为了给他这样一个普通的农民孩子求医治病，不仅联系了医院，而且还要负担费用。胡同炳一家为此感动不已。

胡同炳共在医院住了两年，终于得以痊愈。住院期间，陶行知还委托在上海的同志经常代他去探望胡同炳，并送去各种生活用品。陶行知在国外经常给胡同炳写信，鼓励他同疾病进行斗争。当胡同炳病愈出院时，陶行知为他付清了全部治疗费用，还送了他一些钱，让他多买一些营养品。

魔力悄悄话

陶行知先生作为一个杰出的教育家，用自己的行动向我们展示了自身灵魂的高尚，他全力救助病困儿童，致力于教育事业，给我们作出了表率。我们应该沿着他的足迹走下去，做一个有益于社会、有益于他人的人。

学会信赖他人

商朝末期，武王的弟弟周公旦与姜子牙等人辅佐武王伐纣，建立了周朝，被封为鲁公。后来，武王去世，由于成王尚年少，周公旦担心天下大乱，就暂时代理成王处理国事。

周公旦一心一意辅佐成王，从来不顾流言蜚语。一天，周公旦让儿子伯禽代替自己到鲁国去处理事务，临行前，他再三告诫伯禽："我是文王的儿子，武王的弟弟，成王的叔叔，对于整个天下来说，我的地位已经不低了。但是，我常常在洗头时三次捋起头发，吃饭时三次吐出口中的食物，匆忙赶去礼待贤士，唯恐错过天下英才。你到鲁国后，千万小心，不要以拥有鲁国而以傲慢的态度对人。"

三年后，伯禽才把鲁国的情况报告给周公旦。周公旦很不高兴，他质问伯禽为什么过了三年才汇报鲁国的情况。伯禽说他致力于改革鲁国的生活习惯和礼法，因此用了三年的时间才完成。

与此同时，姜子牙也从齐国赶来向周公旦报告那里的情况。姜子牙受封于齐国只有五个月的时间就来报告那里的情况，周公旦有点不相信这会是真的，甚至怀疑姜子牙没有认真调查完毕就匆匆回来汇报，于是惊讶地问他："你怎么这么快就来报告情况了？难道齐国有什么事情难以办妥？"

姜子牙回答道："不是。是你交代的事我已办妥，特意赶来向你汇报。"

周公旦难以置信。可姜子牙却很肯定地告诉他："是真的，子牙不敢欺骗你。之所以那么快就完成任务，是因为我简化了君臣之间的礼仪，政事也顺从了民间的习俗，所以很快就治理好了。"

周公旦一听，马上默然不语。沉思了片刻后，他才自言自语地说："唉，照这样下去，鲁国一定治理不好。把君臣之间的礼仪搞得那么复杂、烦琐，使百姓无法接近你，他们就会离你越来越远。如果对老百姓的态度谦和一些，不摆官架子，平易近人，百姓就会归顺你了。"于是，他让伯禽照着姜子牙治理齐国的方法前去治理鲁国。伯禽返回鲁国后，采取了平易近人的措施，很快就把很多政事处理好了。

姜子牙治理齐国事半功倍，是因为他不摆架子，谦逊和蔼，使人容易亲近。平易近人如大海兼收并蓄，不管大江还是小流都一视同仁；平易近人如群山绵延成片，不管是青松还是野草都能各展风姿，平易近人对领导人物至关重要，这是反映领导者是否具备远大抱负和宽阔胸怀的一面镜子。在平时的学习、生活和工作中，我们都应该平易近人，以亲和的态度与周围的人友好相处，只有这样，才能团结人，才能打造出一个亲切平和的自我形象，更多地获得别人的支持与合作，才能有更多的成功机会……

管仲与鲍叔牙自年轻时就交情很好，且都深知对方为人。早年，二人曾一起出行，去外地做生意，当时鲍叔牙家境宽裕，而管仲家境贫寒，因此，在二人经商分利的时候，管仲经常占鲍叔牙的便宜。鲍叔牙则是一个心胸豁达之人，对管仲的私心从不斤斤计较，于是，二人就这样和睦相处着。

后来，管仲与鲍叔牙都弃商从政，但却有着不同的政治选择。管仲作了公子纠的师傅，鲍叔牙作了公子小白的师傅，二人随着主人各奔东西。齐国内乱之时，公子小白与公子纠的斗争异常激烈，管仲也因曾谋刺公子小白而与公子小白结怨极深，可这一切并未影响鲍叔牙与管仲的关系，二人依旧情深意厚。

公子小白成为齐国的国君后，让人送管仲回齐国，并下令杀死管仲。

齐桓公的师傅鲍叔牙得知，立即到府劝谏，他对齐桓公提出重用管仲，说："齐国欲强盛，桓公欲霸天下，非管仲不可。"然后，他又静下心来向齐桓公细细陈述管仲的一腔智谋与抱负。齐桓公是个极大度的国君，他听了鲍叔牙一番劝告，就不计前嫌地请回管仲，委以重任，并给以丰厚的礼遇。

管仲到齐国后，果然没令推荐他的鲍叔牙及重用他的齐桓公失望。他积极地在齐国实施了一系列的内政改革，使齐国国内政治、经济得到稳步发展，之后，又辅佐齐桓公"九合诸族，一匡天下"，顺利登上春秋列国第一霸主之位。齐桓公对管仲愈发信任和器重，委以重任，并不断奖赏提拔他。

尽管自己推荐的管仲在齐国地位日渐高过自己，鲍叔牙也无怨无悔，只一心在旁出谋献策。对此，管仲心中无限感激，他曾对人说："吾始困时，尝与鲍叔贾，分财利多自与，鲍叔不以我为贪，知我贫也。吾尝为鲍叔谋事而更穷困，鲍叔不以我为愚，知时有利有不利也。吾尝三仕三见逐于君，鲍叔不以我为不肖，知我不遭时也。吾尝三战三走，鲍叔不以我为怯，知我有老母也。公子纠败，召忽死之，吾幽囚受辱，鲍叔不以我为耻，知我不羞小节而耻功名不显于天下也。生我者父母，知我者鲍子也！"可以说，在管仲与鲍叔牙的友情中，鲍叔牙的宽厚仁和起到了至关重要的作用，正是因为鲍叔牙的谦和忍让，才使得他与管仲的友谊万古常青。

人们常说只有永恒的利益，没有永恒的友谊。确实，很多友谊在面对共同的利益时灰飞烟灭了。可鲍叔牙的宽容之心，却使他与管仲的友谊经受住了名和利的考验，缔造了这难得的不朽神话。因此，在营建友谊的进程中，只要保持一颗仁和、宽容的心，就会使友谊终究战胜利益而成为永恒。对于涉世未深的年轻人来说，没有什么比朋友更重要的了。因此我们要切记，做任何事都不能以牺牲友谊为代价，只有烂漫的友谊之花，才能结出丰硕的成功之果。

濮存昕是北京人民艺术剧院副院长，著名演员。他饰演过的许多荧幕形象使他受人瞩目，但是令他声名鹊起的却是他担任的防治艾滋病的形象大使。他作为德艺双馨的艺术家，不仅在艺术舞台上，而且在现实生活中都高举爱的火炬。他先后出任中国预防艾滋病义务宣传员，北京市禁毒义务宣传员，为推动艾滋病预防工作、禁毒工作、无偿献血工作和社会公益事业奉献了爱心。

濮存昕曾和中央电视台的记者一起前往山西拍摄一部与艾滋病病毒感染者生活一天的专题片时，在一个黑暗的窑洞里，他见到了染病的男主人，万幸的是女主人和两个孩子都很健康。一个原本快乐的四口之家，终日笼罩在艾滋病的阴影里。濮存昕和他们一起包饺子，一起聊天，并把他夫人宛萍买的一书包生活用品和学习用具作为礼物送给他们。看到两个孩子的高兴劲儿，濮存昕想到了自己的女儿，想到了北京孩子们优越的生活环境和这里差别这么大，心里酸酸的。告别的时候，濮存昕得知那户人家只剩下八十多斤粮食，便把身上带的 1700 元钱连同手机号码都留了下来。他告诉染病的男主人，他会一直资助这两个孩子读书，并对他们负责到底。从男主人激动的眼神和说不完的话语中，濮存昕深深体会到，这个特殊的群体是多么渴望人间真情啊！

2004 年 8 月 10 日下午，15 名到北京参加艾滋病致孤儿童夏令营的孩子来到濮存昕家做客，受到了濮存昕一家三口的热情招待。濮存昕笑着介绍自己的三口之家，又扭头让女儿把准备好的礼物。一一送到小客人的手上——里面有濮存昕签名明信片、防治艾滋病的光盘、笔记本和笔。13 岁的张兴来自山西芮城。他告诉濮存昕自己的理想："我想踢球！"濮存昕转身到卧室找了一套红色运动服，送给张兴说："这是我的运动服，你将来长大了穿！"宛萍过来招呼孩子们吃饭。餐桌上摆满了三明治、西瓜、牛肉、凉菜、蛋糕、苹果、香蕉和糖果，女主人还熬了一锅绿豆粥。一个叫朱想来的孩子懂事地过去帮忙分发碗筷。"大家自己动手啊，自助！自助！"濮存昕热情地招呼着孩子们。濮存昕刚刚从希腊传递奥运圣火回到北京，他还和每个孩子一起在珍藏的火炬前留影。孩子们在濮存昕家待了一天，离别时依依不舍。濮存昕对他们说："以后只要你们有机会到北京来，我这里就是你们的家，随时欢迎你们来玩！"

在这些"艾滋孤儿"的眼中，荧屏上的濮存昕是一个令他们感兴趣的演员，而生活中的濮存昕则像是一位慈爱的父亲。濮存昕身兼北京人艺领导职务戏约不断，但他放弃了一些戏约，把更多的时间和精力花在了公益事业上。让"艾滋孤儿"走进自己家里来，不仅需要有一种境界，也需要时间，需要勇气。

濮存昕以个人名义为11个艾滋病家庭中的19名孩子捐助了学费。濮存昕坦言，这点资助对一个艾滋病家庭来说少得可怜，只能算是尽一点点心意吧。据了解，到目前为止，濮存昕已经向以他个人名义设立在中国青少年发展基金会的"爱心基金"注资四十余万元。

作为普通人，我们或许没有濮存昕那样显赫的声名，但为国家、为社会、为人民尽到自己的一份责任和义务，却是每个人都能做到的。濮存昕曾说："如何做一些对社会有用的事、公益的事，这也可以归纳为一个概念——'回报社会'。比如，你挣了钱，就应该主动上税；你富足了，就应该认识到你是在社会这个大环境中成功的，你是在这个环境的允许下才可能成功的。"

2003年7月23日，湖南邵阳，探亲的原广州军区空军航空兵某部士官黄勇拼尽最后力气，将一位不慎溺水的大学生推向生之彼岸，自己却被卷入漩涡，22岁的青春成了永恒。

1998年12月，18岁的黄勇走进军营，经过许多挫折和考验，黄勇由一名普通青年转变为优秀士兵。

参军4年半，3次嘉奖，两度评为优秀士兵，8次执行重大任务，两次参加重大演习，安全保障飞行820架次、450多个小时。他维护过的11架飞机，优质率达100%。

2003年7月9日，两年没有回家的黄勇获准探亲。

7月23日下午5时，邵阳松坡公园。一阵呼救声从公园水库传来。天旱，水库放水，一个游泳的男青年被涵洞的漩涡紧紧吸住。

不远处，几个年轻人正在聊天，一个红T恤率先冲过去，来不及脱衣就纵身跳进水里。涵洞吸力高达200多公斤，红色的身影转而潜入水底，双手抱住溺水者的腰，用肩膀奋力顶向岸边。一个生命得救了。精疲力竭的救人者却被湍急的水流吸入涵洞，几分钟后，从140米远的分水口冲了出来，红色的T恤已成了碎片……

这一切，被跑来营救的水库管理员唐坤雄看得真真切切。事后他才知道，身穿红T恤的救人者，是正在休假的空军战士黄勇。

和所有年轻人一样，黄勇追求时尚、渴望创造、崇尚自我设计，读中学时就喜欢上网、蹦迪；到了部队，曾利用假日组织战友们搞"野外生存"训练。他曾憧憬，退伍后，要么当个汽车美容师，要么去攻读心理学。

与一些年轻人不同，黄勇更懂得脚踏实地的意义。他在日记中写道，"现在讲奉献，不是叫你把命掏出来，而是要身体力行地去干。"他在一言一行中完善着自我，调整着步履。

他的读书笔记中，抄录着塞缪尔·厄尔曼的一段话：青春不是生命的一段时光。它是一种精神状态，是指不懈的干劲，丰富的想象力和滚烫的情……在你我的心底，都有一座无线电台，它能在多长时间里接收到人间万物传递来的美好、希望、欢乐、鼓舞和力量的信息，你就会年轻多长时间。

2003年7月31日，黄勇被追认为革命烈士，并被追记一等功。2003年9月，原广州军区空军党委作出《关于开展向黄勇同志学习的决定》。2004年2月，空军党委作出决定，向"自觉践行党员先进性的好战士"黄勇学习。虽然再高的荣誉也换不回英雄的生命，但一缕英魂会在生者心中永存。

黄勇的生命虽然短暂，却奏响了一曲昂扬的生命赞歌，每个音符都闪着动人的旋律，展现出新一代青年的高尚情操。黄勇热爱自己，但他

正义力——人间正道是沧桑

更热爱这个社会，在生死关头能够不顾个人安危，挺身而出，迸发出人性中最夺目的光辉。他在平凡的岗位上，实现了崇高坚定的理想信念和脚踏实地的实干精神，与时俱进的时代精神和淳朴善良的传统美德，适应社会主义市场经济的道德信念与符合军队特殊职能要求的行为规范的完美结合，他无疑是人民解放军涌现出的许许多多英雄模范中的杰出代表，一个无愧于时代的青年英雄。

魔力悄悄话

曾几何时，人们对20世纪80年代后出生的新一代独生子女忧心忡忡，有些人竟称呼他们为垮掉的一代。黄勇的英勇事迹却告诉我们：在改革开放年代里成长起来的青年人是大有作为的一代，能够继承我党我军的优良传统，肩负起新时期赋予的历史使命。年轻的朋友们，向黄勇学习吧，学习他乐观向上、热爱生活、热爱社会的人生态度，学习他勤学善思、勇于实践的探索精神，学习他注重修养，自我完善的道德水准，学习他奉献社会、奉献人民的价值追求。